Joseph Bernhart

# Franz von Assisi

Leben und Wort

·GLORIOS·FRANCISC·

Joseph Bernhart

# Franz von Assisi

Leben und Wort

Herausgegeben von
Thomas Groll
Karin Precht-Nußbaum
Manfred Weitlauff

Anton H. Konrad Verlag

Im Gedenken an

Herrn Verleger

# Anton H. Konrad

(31. Mai 1937–26. Juli 2022),

den um die Joseph-Bernhart-Gesellschaft
und das literarische Werk Joseph Bernharts
hochverdienten Förderer,
der im Alter von 85 Jahren
von Gott in die himmlische Herrlichkeit
gerufen wurde.

# INHALT

Eine erste Franziskus-Darstellung Joseph Bernharts erschien 1932 (Lübeck) unter dem Titel »Franz von Assisi. Der Verkünder der religiösen Armut« (Colemans kleine Biographien 2). Eine erweiterte Fassung unter dem Titel »Franz von Assisi. Leben und Wort« erschien 1944 (im Alsatia Verlag Colmar im Elsaß), eine 2. Auflage 1947 (im Caritas Verlag Freiburg i. Br.), eine 3. verbesserte Auflage 1956 (im Verlag Hermann Rinn München); eine 4. unveränderte Auflage ist im Verlag Josef Huber in Türkheim 1976 in Form eines Broschürenhefts erschienen. Als 5. Auflage ist die mit Anmerkungen versehene Fassung zu sehen, die in dem von Manfred Weitlauff herausgegebenen Sammelband Joseph Bernhart, Gestalten christlicher Mystik und Spiritualität 2004 (im Anton H. Konrad Verlag in Weißenhorn) auf den Seiten 131 bis 246 erschienen ist. Diese Auflage liegt dem folgenden Text zugrunde.

# Zum Geleit

Als Wim Wenders vom Vatikan angefragt wurde, ob er Interesse hätte, mit Papst Franziskus ein filmisches Exklusivinterview zu machen, unterlegt mit Impressionen von seinen Pastoralreisen und Audienzen, hat er zurückgefragt: Wer steht noch auf Ihrer Liste, wenn ich es nicht mache? So erzählte es der internationale Filmregisseur 2018 bei seinem Besuch in Augsburg, zur Premiere des Filmes »Papst Franziskus – ein Mann seines Wortes«.

Auch wenn die vatikanische Diskretion über die Neugier den Sieg davontrug, jeder, der den Film gesehen hat, wird mir beipflichten: Es war ein Glücksfall, einen so versierten, innovationsfreudigen »ökumenischen Christen«, wie sich der zum Protestantismus Konvertierte selbst nennt, mit einem Papstporträt zu beauftragen, das in der kirchlichen Mediengeschichte bislang einzigartig ist. Wenders setzt den Papst – buchstäblich – ins Bild und damit uns, den Zuschauerinnen und Zuschauern, als Gesprächspartner gegenüber. So nah wie sonst nie bekommen wir Einblick in den dicht gefüllten päpstlichen Terminkalender, begleiten ihn, beinahe atemlos werdend, bei seinen Besuchen auf anderen Kontinenten und in fremden Kulturkreisen, in Katastrophengebieten und den Slums von Mega-Citys. Wir werden zusammen mit Tausenden von Gläubigen Mitfeiernde bei Gottesdiensten unter freiem Himmel und Zeugen berührender Begegnungen am Rande offizieller Veranstaltungen.

Doch damit nicht genug: Immer wieder wandelt sich plötzlich die Szenerie und gibt, nostalgisch in Schwarz-Weiß getaucht, den Blick frei auf eine kleine Gruppe Bettler mit ausdrucksstarker Mimik. Wer darin Franz von Assisi und seine Brüder erkennt, staunt zuerst und fragt sich unwillkürlich: Existiert tatsächlich noch ein alter Film, der mir entgangen ist? Erst im weiteren Verlauf realisiert man, dass es sich hier um nachgestellte, eigens für diesen Film ausgewählte Momente aus dem Leben des *Poverello* handelt. Denn als erster Papst überhaupt wagte es der neugewählte Jorge Kardinal Bergoglio, den Namen jenes Heiligen anzunehmen, der als zweiter Christus (*alter* Christus) in die Kirchengeschichte einging. Dessen »radikale Ansätze« wurden zu »Eckpfeilern dieses Pontifikates«, so Wim Wenders.

Bis heute zieht Giovanni Bernardone (1181/82 bis 1226), genannt Francesco, unzählige Menschen in seinen Bann. Früh erlebte der reich geborene Kaufmannssohn eine Existenzkrise: Als knapp Zwanzigjähriger beteiligte er sich an der kriegerischen Auseinandersetzung Assisis mit der Nachbarstadt Perugia und geriet in Gefangenschaft. Anders als die meisten seiner Leidensgenossen verhalf ihm das Lösegeld seines Vaters nach Monaten der Entbehrung wieder zur Freiheit. Doch auf sein privilegiertes Leben war ein Schatten gefallen, der sich erst hob, als Francesco mit Vater und Herkunft brach und sich ganz Gott und der Kirche zur Verfügung stellte. *Vestigia Christi sequi*, »arm dem armen Christus nachzufolgen« war fortan sein Bestreben. Er teilte das Leben der Aussätzigen, bettelte um sein täglich Brot und predigte das Reich Gottes – nicht nur den Christen, sondern 1219 auch dem Sultan von Ägypten. So wurde er in Wort und Tat zum Pionier des interreligiösen Dialogs und durch die geschwisterlich-ehrfürchtige Haltung zu allen Mitgeschöpfen, die im *Cantico delle Creature*, dem Sonnengesang, ihren Ausdruck fand, zum Patron der ökologischen Bewegung.

800 Jahre später tritt Papst Franziskus wieder in diese Spur: Den Auftakt bildet das Rundschreiben *Evangelii gaudium* (2013), in dem der Pontifex »vom anderen Ende der Welt«, wie er sich am Abend seiner Wahl vorstellte, sein Verständnis für eine heutige Verkündigung der Frohen Botschaft darlegte. Mit den Enzykliken *Laudato si'* (2015) und *Fratelli tutti* (2020) schließt er unmittelbar an das spezifische Welt- und Menschenbild des umbrischen Heiligen an und führt zuletzt auch den Dialog mit den Muslimen weiter, der offiziell erstmals im Zuge des II. Vatikanischen Konzils aufgenommen wurde: gemeinsam mit dem Kairoer Großimam Ahmad Mohammad Al-Tayyeb, der zu den führenden Männern unter den Sunniten gehört, unterzeichnet der Papst am 4. Februar 2019 das Dokument »Über die Geschwisterlichkeit aller Menschen für ein friedliches Zusammenleben in der Welt« in Abu Dhabi. Nach einem Beschluss der UN-Generalversammlung wird dieser Tag seit 2021 deshalb als »Welttag der Geschwisterlichkeit« begangen.

»Wir glauben, unser Denken sei realistisch, wenn es von Mitgefühl befreit ist, von der Fähigkeit, Schmerz zu teilen, Leid zu verstehen, und vom Gefühl der Verbundenheit mit allen Lebewesen. … Diese Vorstellung aber ist auf Feinde angewiesen«, resümiert der international anerkannte Psychologe Arno Gruen (1923–2015) in seinem Buch »Dem Leben entfremdet«

(2013, S. 11). Er beschäftigte sich als Psychotherapeut in Theorie und Praxis mit den negativen Konsequenzen von Anpassung und Gehorsam. – Franz von Assisi, Zeitgenosse des europäischen Frühkapitalismus, hat mit seinem einzigartig kompromisslosen Leben nach dem Evangelium der uns angeborenen Empathie den Raum gegeben, der für das friedliche Zusammenleben notwendig ist. Er zeigte, dass die Frage: Wer bin ich? nicht durch die Frage: Was bin ich? ersetzt werden kann, ohne dass dies einen elementaren Paradigmenwechsel bedeutet.

Zu Tausenden schließen sich Menschen im 13. Jahrhundert religiösen Armutsbewegungen an und offenbaren damit ihre Sehnsucht nach Übereinstimmung von Reden und Tun, Glauben und Leben. Der hl. Franziskus ist einer von ihnen und ragt zugleich aus der Menge hervor. Hartnäckig sucht er die existenzielle Begegnung mit dem lebendigen Gott und erfährt sie in einer Weise, die in ihrer mystischen Dimension Geheimnis und Offenbarung in einem ist: Der Gekreuzigte erscheint ihm in einer Vision als Seraph und prägt ihm auch körperlich seine Wunden ein. So wird in der Stigmatisation der Liebende dem Geliebten gleichförmig.

Dass bis in unsere säkulare Gegenwart die Faszination dieses Heiligen aus dem meist für finster gehaltenen Mittelalter anhält, liegt sicher auch darin, dass fast jede/r Interessierte einen Anknüpfungspunkt bei ihm findet. Verbindet er doch scheinbar unüberwindliche Gegensätze, ohne sie zu nivellieren: Er ist Gottsuchender und Weltliebender, strebt nach der »höchsten Armut« in dem Bewusstsein, von Gott überaus reich beschenkt zu sein, erlebt lange Zeiten tiefer

Niedergeschlagenheit, ja Gottverlassenheit, ohne von der »wahren Freude« abzulassen, und bewegt sich spirituell auf dem schmalen Grad der Komplementarität von *Actio* und *Contemplatio*. Sein beinahe königliches Selbstverständnis steht dabei in Einklang mit der Erkenntnis der eigenen Armseligkeit und ausgeprägtes Sendungsbewusstsein mit dem Willen, »jeglicher Kreatur untertan zu sein«. Diese, wenn man so will, *Coincidentia oppositorum*, die dem mittelalterlichen Menschen nicht erst seit Nikolaus von Kues vertraut war, ist es schließlich auch, die Joseph Bernhart an dieser vertikal zur Geschichte stehenden Heiligengestalt anzieht: »Man kann die Tragik des geheimen Konflikts zwischen Franz und Kirche dem dauernden Zwiespalt von Individuum und Gemeinschaft zurechnen; tiefer gesehen entspringt sie der Seinsnot des Menschlichen überhaupt, das seiner Gottebenbildlichkeit, ihrer einmal bewußt geworden, nicht zu genügen weiß. Im Namen Ungezählter hat es Augustinus ausgesprochen: Ich erschrecke, weil ich Ihm unähnlich bin, ich erglühe, weil ich Ihm ähnlich bin. In dem einen Gefühl hat Franz der Büßer, der Leidende, Opfernde sich vernichtigt, in dem andern hat der Anerbe des göttlichen Lebens liebend und singend sein und aller Dinge Dasein als ein Fest gefeiert. Er lebte diese Gefühle nicht im Wechsel von auf und nieder, heute und morgen, sondern eins im andern, und der Höhe und Tiefe umspannende, dem Mangel und Reichtum des Menschen gerechte Ausdruck war ihm die jubelnde Armut.« (S. 126 f.)

Der ersten Hälfte des 20. Jahrhunderts erwachsen, in der die franziskanische Quellenforschung noch am Anfang stand, gewährt Bernharts essayistischer

Text einen Einblick in den Versuch, sich Franz von Assisi über Zeit und Raum hinweg anzunähern und ihn durch Nach-Erzählen zu verlebendigen. Bei aller Zeitgebundenheit von Sprache und Duktus liegt das Verdienst dieses kleinen Werkes aus heutiger Sicht, 67 Jahre nach dem Erscheinen der letzten vom Autor besorgten Ausgabe, in seiner Schwerpunktsetzung. So wirft der Autor die Frage auf, »ob Kultur und Evangelium einander dulden; ob der Mystiker der reinen Nachfolge Christi nicht an jeder Form von Welt, auch der kirchlichen Gemeinschaft, ob nicht die Welt an ihm, wenn sie nach seiner Art sich wandelte, scheitern müsse« (S. 106). Den selbst durchlittenen Konflikt zwischen vorbehaltlosem Glauben und vernunftgeleitetem Theologiestudium sieht er gespiegelt in der Auseinandersetzung des Heiligen mit den gebildeten Brüdern innerhalb der ursprünglich laikal dominierten Gemeinschaft (vgl. S. 108). Schließlich ist auch die autobiographisch zentrale Bedeutung des Zusammenhangs von Heiligkeit und Krankheit hier zu nennen, die für Bernhart nur in einem Paradoxon fassbar wird: »Für den christlichen Glauben ist ja die irdische Seinsweise des Menschen nicht die letzte, sondern, wie alle Schöpfung, im Wandel auf einen Zustand hin begriffen, in dem sie das Urbild, das der Schöpfer von ihr hegt, vollkommen erfüllen soll. … Darein beschlossen ist auch eine im höchsten Sinn gesunde Weise, krank zu sein.« (S. 133 f.).

800 Jahre nach Franz von Assisi leben wir als katholische Kirche wieder in einer franziskanischen Zeit, einem Pontifikat, das die Aufmerksamkeit mit Nachdruck auf die inzwischen nur drängender gewordenen Aufgaben lenkt: die Sorge für das gemeinsame Haus,

die gelebte Geschwisterlichkeit aller Menschen und die Verkündigung der frohen Botschaft. Ein Aspekt im Leben des Heiligen, der erst vor rund drei Jahrzehnten näher beleuchtet wurde, wartet allerdings noch auf eine breitere Adaption: der Umgang mit dem anderen Geschlecht mit Blick auf die gemeinsame und doch ganz persönliche Berufung in die Nachfolge Christi. Die heilige Klara von Assisi und die selige Jakoba di Settesoli sind zwei Frauen, die von Franziskus geprägt wurden, aber auch ihrerseits eine zentrale Rolle in der Selbstwerdung des *Poverello* und seiner Gemeinschaft spielten. Mit Arno Gruen darf gerade in der »widersinnigen Trennung der Geschlechter« der Schlüssel dafür gesehen werden, dass »der Wechsel von Kooperation und Mitgefühl zu Besitz und Macht über andere und die Natur das menschliche Bewusstsein verändert hat« (a.a.O., S. 27). Auch Joseph Bernhart, der privat des weiblichen Gegenübers so sehr bedurfte und den der frühe Tod seiner Frau tief erschütterte, bleibt in dieser Hinsicht der (oberflächlichen) Überlieferung und den Konventionen verhaftet.

Wir dürfen daher zuversichtlich sein, dass das kurze Leben des heiligen Franz durch die Zeiten fortgeschrieben wird. Dennoch bleibt die Botschaft dieses Lebens stets dieselbe: Es bezeugt Den, der sein Ein und Alles war: *DEUS MEUS ET OMNIA*.

Am 25. März 2022, dem Hochfest der Verkündigung des Herrn,

> + Bertram
>   Dr. Bertram Meier
>   Bischof von Augsburg

# VORWORT

Bücher in Fülle, gelehrte und ungelehrte, beschreiben das Leben des heiligen Franziskus. Dieses hier möchte gleichwohl nicht überflüssig sein, weil es die Urgestalt, soweit sie unter der lieblichen Einhüllung der Nachzeit ihre drangvolleren Züge noch erkennen läßt, als ein Beispiel nimmt, das den Stand des Heiligen in der Kirche überhaupt, will sagen sein Stehen in und zu der heiligen Geschichte deutlich machen kann. Ich sage heilige Geschichte, nicht Kirchengeschichte, weil ihr Begriff von der *historia* in seinen Grund hinein schon verdorben ist: als sei sie eine von ihren Disziplinen wie andere eben auch. So mögen diese Blätter den Freund der romantischen Harfe, dem gerade die Namen Franziskus und Assisi mit geistlicher Süße geladen sind, enttäuschen. Ich werde nicht klagen, ihn unterwegs zu verlieren.

Joseph Bernhart, 1956

# DER SONNENGESANG[1]

## 1

Erhabener!
Allmächtiger!
Guter Herr!
Dein ist der Lobgesang, Dein der Ruhm,
Die Ehre und jegliche Benedeiung.
Erhabener!
Dir allein sie gebühren:
Ob keiner der Menschen auch würdig,
Dich zu nennen.

## 2

Lobpriesen sei[2], mein Herr,
Mit allen Deinen Kreaturen –
Ihr voran, der herrlichen Schwester, der Sonne:
Sie führt den Tag herauf,
Und du schenkest uns alle Zier erhellt von ihr.
Und schön ist sie,
Schön und prächtig in mächtigem Glanze
Bedeutet sie, Herrlicher, Dich.

## 3

Lobpriesen sei, mein Herr,
Für Bruder Mond
Und für die Sterne.
Am Himmel hast du sie geformt,
Und schön und köstlich sie leuchten von ferne.

## 4

Lobpriesen sei, mein Herr,
Für Bruder Wind
Und für Luft und Gewölk und heitres und jegliches
Wetter,
Mit dem Du sie alle versorgest,
Die Deine Kreaturen sind.

## 5

Lobpriesen sei, mein Herr,
Für Bruder Wasser,
Das nützlich sehr
Und gering
Und köstlich
Und keusch.

## 6

Lobpriesen sei, mein Herr,
Für Bruder Feuer
Mit dem du erleuchtest die Nacht,
Und schön ist er, schön und munter
Und kräftig ist er und gewaltig[3].

## 7

Lobpriesen sei, mein Herr,
Für unsere Schwester Mutter Erde,
Die uns ernährt und bewaltet
Und zeitigt Früchte vielerlei –
Und farbige Blumen und Gras.

Lobpriesen sei, mein Herr,
Für jene, die verzeihen, weil Du die Liebe bist,
Und tragen Krankheit und Trübsal.
Ja, selig sind, die ausharren in Frieden:
Von Dir, Erhabener, wird ihrer sein die Krone.

Lobpriesen sei, mein Herr,
Für unseren Bruder Tod des Leibes,
Dem keiner der Lebenden kann entrinnen.
Wehe jenen, so in der tödlichen Sünde sterben.
Selig, die da stehen in Deinem heiligen Willen:
Nimmer wird der andere Tod sie verderben.

Lobpreiset, benedeiet meinen Herrn!
Und danket ihm und erstattet
Und dienet ihm armen Sinnes unermattet!

*Altissimu onnipotente bon signore | tue so le laude la gloria e l'onore e onne benedictione | a te solu altissimu se konfanno | e nullo homo ene dignu te mentovare.*

*Laudatu si mi signore cum tucte le tue creature | spetialmente messer lu frate sole | lu quale lu iorno alumeni per nui | e ellu è bellu e radiante cum grande splendore: | de te altissimu porta significatione.*

*Laudatu si mi signore per sora luna e le stelle | in celu l'ài formate clarite e pretiose e belle.*

*Laudatu si mi signore per frate ventu | e par aere e nubilo e sereno e onne tempu | per le quale a le tue creature dai sustentamentu.*

*Laudatu si mi signore per sor aqua | la quale è multo utile e humele e pretiosa e casta.*

*Laudatu si mi signore per frate focu | per lu quale n'allumeni la nocte | e ellu è bellu e iocondu e robustosu e forte.*

*Laudatu si mi signore per sora nostra matre terra | la quale ne sustenta e governa | e produce diversi fructi e colorati flori e herba.*

*Laudatu si mi signore per quilli ke perdonano per lo tuo amore | e sostengo infirmitate e tribulatione: | beati quilli ke le sosterrano in pace | ka da te altissimu sirano incoronati.*

*Laudatu si mi signore per sora nostra morte corporale | da la quale nullu homo vivente po skampare: | guai a quilli ke morrano in peccato mortale: | beati quilli ke se trovarà ne le tue sanctissime voluntati | ka la morte secunda non li poterà far male.*

*Laudate e benedicete lu mi signore e rengratiate | e servite a lui cum grande humilitate. Amen*[4].

---

[1] Siehe auch die Übersetzung Joseph Bernharts in seiner Sammlung »Der stumme Jubel. Ein mystischer Chor« (Bonn 1926) 70, (München-Heidelberg [3]1936) 76 f. – Vgl. dazu die etwas andere Übersetzung von Lothar Hardick und Engelbert Grau, in: Franziskanische Quellenschriften 1 214 f. Der größte Unterschied dürfte darin liegen, dass dort das italienische *per* mit *durch* übersetzt wird, was nach damaligem Sprachgebrauch neben *für* möglich ist (siehe dazu: ebd. 132 f. Anm. 86). Speziell zu dieser Frage merkt Leonhard Lehmann, der ebenfalls die Übersetzung *durch* verwendet, an: »Franziskus will *mit* allen Geschöpfen den Schöpfer loben (V. 2), aber auch *wegen* ihnen, *durch* sie und *für* sie dem ›allmächtigen, guten

Herrn‹ danken; das italienische *per* ist so vielschichtig, dass es alle drei Bedeutungen umfasst.« Franziskus-Quellen 40, Anm. 4 (Hervorhebungen durch Leonhard Lehmann).

[2] Siehe dazu auch den italienischen Text in diesem Buch, S. 8 f. – Papst Franziskus wählte für den Anfang seiner Enzyklika »*Laudato si'*« (2015) dieses Zitat aus dem Sonnengesang. Päpstliche Enzykliken werden nach den ersten zwei oder drei Worten ihres Textes zitiert, weswegen diese auch mit Bedacht gewählt werden. Georg May, Enzyklika, in: LThK 3 ([3]1995) 697 f.

[3] Die Abschnitte 2 bis 6 zitiert Papst Franziskus auch in seiner Enzyklika Laudato si', Nr. 87.

[4] Woher Joseph Bernhart genau diesen Wortlaut hat, konnte nicht ermittelt werden.
Der in der umbrischen Volkssprache (*Volgare*) verfasste Hymnus »Lobgesang Gottes für die Geschöpfe« (*Cantico delle Creature*), den Franziskus der Tradition nach (2 Celano 213 u.a.) während seiner letzten schweren Erkrankung schrieb, wird im Deutschen in der Regel »Sonnengesang« oder »Sonnenlied« genannt. Feld, Franziskus 26.
Der Sonnengesang des Franziskus ist auch auf sprachlicher Ebene interessant. Die italienische Sprache konnte sich in der Literatur lange nicht leicht gegenüber der immer noch mächtigen lateinischen Sprache durchsetzen. Viele Werke erschienen in Italien immer noch auf Lateinisch. Deswegen erschienen bedeutende Werke der Kunstdichtung hier erst viel später in der Volkssprache als beispielsweise in Frankreich und Spanien. Auf diesem Gebiet leisteten die Umbrier Franziskus und Jacopone da Todi (1236–1306) Pionierarbeit, wobei der Sonnengesang immer noch eine große Nähe zum Lateinischen und Vulgärlateinischen aufweist (vgl. z.B. latinisierende Ausdrücke, Orthographie etc.). Siehe dazu die Ausführungen in: Rohlfs, Vom Vulgärlatein zum Altfranzösischen 46–51.
In seinen Motiven ähnelt er dabei dem Lobgesang der drei jungen Männer im Feuerofen im Buch Daniel (Dan 3,51–90) und Psalm 148. »Aber während der Psalm ganz und gar auf den festlichen Ton des Hallelujah! gestimmt ist, entspringt das italienische Lied einer religiösen Inbrunst und zugleich einer mystischen Identifizierung des Schöpfers mit seinen Schöpfungen in dem Gefühl einer universalen Brüderlichkeit. Es ist in gleicher Weise der Ausdruck franziskanischer Demut und jubelnden Herzensglaubens aus dem Gefühl des Dankes und der Bewunderung für das harmonische Werk der Schöpfung. Es ist ein Preis der göttlichen Liebe und der göttlichen Gnade, die allen seinen Schöpfungswerken sich mitgeteilt hat.« Ebd. 46 f.; siehe zum Sonnengesang auch: Kreidler-Kos/ Kuster, Bruder Feuer und Schwester Licht 169–173; Vauchez, Franziskus 331–337.

Ein Klang von Heimweh nach verlorener Innigkeit und Einfalt ist aus Schrift und Rede über Franz von Assisi schon lange zu hören[5]. Aus der Ferne liebt man den gottseligen Bettler, der sich abseits von Kultur und Fortschritt im Herzen einen dauerhaften Himmel schuf; man huldigt ihm aus schönem Gefallen an der Eigenart seiner Erscheinung; man sieht ihn auch als Vorbild unbekümmerten Willfahrens gegen die innere religiöse Stimme. Er ist im Wechsel bald völlig aus seiner Zeit erklärt, bald im Gegensatz zu ihr, in der er einen Bruch verursacht habe, verstanden worden. Aber nicht nur die Verlegenheit aller gründlichen Geschichtsschreibung um ein letztes, gültiges Urteil über Menschen von mächtiger Wirkung, auch die Unmöglichkeit, ihr immer verwickeltes Innenleben in schlichter, mit sich selber einiger Gestalt schaulich zu machen, vereitelt die Bemühung, ihr Sein und Handeln ganz zu verstehen. Vollends entzieht sich der Heilige, der Mensch der Rede und Gegenrede zwischen sich und einer anderen Welt, die meist ihn selber als fremd, bald ziehend, bald schreckend ergreift, jedem bündigen Urteil der Mit- und auch der Nachwelt. Ja mit zunehmendem Reichtum der historischen Quellen vermehrt sich gewöhnlich auch die Schwierigkeit, aus der Fülle der Züge ein reines Eines zu gestalten[6]. Dann verlangt

---

[5] Die Literatur über Franz von Assisi ist unübersehbar; im Literaturverzeichnis (S. 179–195) findet sich eine Auswahl der von Joseph Bernhart und für die Kommentierung verwendeten Titel.

[6] Zur Quellenlage siehe im Nachwort den Abschnitt zur »Franziskanischen Frage« (S. 166–170) und das Quellenverzeichnis (S. 182–184).

es die Redlichkeit, die Widersprüche des fest Bezeugten offen zu lassen und die ungeschlossene Natur mit Schwall und Widerschwall ihrer Lebendigkeit hinzunehmen, wie sie uns gegeben ist. Was Franz betrifft, ist die Überlieferung nicht eben spärlich, aber vieles ist ihrer Strömung zugeflossen, wovon wir nicht wissen, ob es im blanken Sinn des Wortes sich auch ereignet hat. Ist es sinngerechte Andichtung oder Zuschreibung, so bleibt es als auslegendes Gedächtnis der Urgestalt aufs höchste zu schätzen, aber an dieser muß es auch gemessen und sein Rang als Zeugnis bestimmt werden. Das gilt vor allem von den vielen Legenden, die für sich allein keine ausreichende Urkunde des tragischen Wirbels von Gestalten wären, in dem sich Franz zu behaupten, der Schmerzenstiefen, in denen er um seine Vollendung zu ringen hatte. Vergleicht man diese Erzählungen mit seinen eigenen Schriften[7], in denen fast nur der

---

[7] Diese sind in deutscher Sprache ediert: Franziskanische Quellenschriften 1; Franziskus-Quellen 1–144 (Leonhard Lehmann); Fioretti – Die Blümlein des hl. Franziskus von Assisi. Siehe auch: Franziskanische Quellenschriften 2; Klara-Quellen.

[8] Siehe dazu ausführlich im Nachwort, S. 166.

[9] Das Geburtsjahr lässt sich nur erschließen. Franziskus starb am 3. Oktober 1226, zwanzig Jahre nach seiner Bekehrung. Zur Zeit seiner Bekehrung war er fast 25 Jahre alt. Damit wurde er gegen Ende 1181 oder Anfang 1182 geboren. Feld, Franziskus 99 f., Kreidler-Kos/Kuster, Bruder Feuer und Schwester Licht 26.

[10] Franziskus' Vater war Petrus Bernardonis (*Pietro di Bernardone*). Er war ein erfolgreicher Unternehmer, der über einen beachtlichen Immobilienbesitz verfügte. Franziskus' Mutter Giovanna trug den Beinamen Pica (ital. für Elster). Sie war nach heutiger Forschung eine umbrische Adelige. Kreidler-Kos/Kuster, Bruder Feuer und Schwester Licht 26–28, 34, 292. Feld (Franziskus 101) hielt eine französische, unter Umständen südfranzösische Herkunft für mög-

24

Gesetzgeber befiehlt, der Meister betet und beten lehrt, so fragt man sich: redet beides von einem? Ist der Spielmann auch der Bote des Gekreuzigten, ist dieser wohl auch jener?[8]

## 2

Als Franz 1182[9] in Assisi diese Welt betrat, Sohn eines reichen Tuchhändlers[10], war sie unheilig wie zu jeder Zeit. Nicht lange konnte ihn betören, was ihm in den Jahren einer unbeschwerten Jugend als Glück erschien. Die Kommunen erwachten zu neuem Selbstgefühl, überall rang sich ein trutziges Leben auf, aber was Bürgertugend und starker Erwerbssinn zusammenbrachten, war in unaufhörlichen Städtekriegen stündlich auch bedroht. Die Ruhe des Friedens lag selten über dem umbrischen Land[11]; Überfälle, Zerstörungen und Grausamkeiten sind der dauernde Stoff

lich, was bei Kreidler-Kos/Kuster (S. 34, 292) als eine Erfindung aus späterer Zeit erscheint.

[11] Zur Zeit von Franziskus' Geburt stand Assisi unter kaiserlicher Herrschaft. Das nach dem Tod Kaiser Heinrichs VI. (1197) entstandene Machtvakuum versuchte Papst Innozenz III., der seine Ansprüche in Mittelitalien geltend machen wollte, für sich zu nutzen. Die Bürger Assisis widersetzten sich 1198 erfolgreich dem päpstlichen Versuch, die Rocca (Stauferburg) in Besitz zu nehmen; sie zerstörten die Burg. Die päpstliche Herrschaft lehnten sie ebenso ab wie die bisherige durch den Herrn der Burg, den kaiserlichen Grafen Konrad von Urslingen (1153–1202), Graf von Assisi und Herzog von Spoleto, der gehofft hatte, der Papst würde ihn, wenn er sich unterwerfen und die Burg samt Territorium übergeben würde, nun seinerseits mit dem Herzogtum Spoleto belehnen, was dieser jedoch nicht tat. Konrad verließ im Frühjahr 1198 Italien. Das wirtschaftlich sehr erfolgreiche und deswegen auch aufstrebende Bürgertum emanzipierte sich auch in anderer Hinsicht zusehends. Die Bürger (*Minores, homines populi*) wandten sich gegen die Adeligen

der Chronisten. Vom bürgerlichen Wesen vorerst nur bedroht, nicht erschüttert, behauptet das feudale noch seinen kulturellen Vorrang und kann die Wunschträume auch eines sozial gehobenen Jungherrn wie jenes Giovanni, den sein Vater mit dem Namen Francesco[12] rief, mehr als alles andere fesseln. Der alte Streit zwischen Kaiser und Papst, noch ein Gegensatz innerhalb der religiösen Einheit beider Gewalten, spaltet das öffentliche Leben in Parteien, in den Kreuzzügen verschmelzen religiöse und ritterliche Ideale, die Kirche beherrscht den Zeitgeist im ganzen, und ihr sozialreligiöser Charakter ist der Bildung von Zusammenschlüssen Gleichgesinnter, die sich unter besonderen Parolen aus dem Schatze der Überlieferung sammeln, kein Hindernis. Bruderschaften in großer Zahl gedeihen, sie haben an dem blühenden korporativen Leben

(*Maiores, boni homines*). 1199 eskalierte der Bürgerkrieg, den die Adeligen für sich entschieden, wobei ihnen schließlich der Krieg zwischen Assisi und Perugia, wohin viele Adelige flohen, zu Hilfe kam. Die Adeligen konnten wieder in ihre Heimat zurückkehren, die Stadt musste ihnen ihre alten Standesprivilegien zurückgeben. Damit waren die Spannungen aber nicht aufgelöst. Erst 1210 kam es zu einem Friedensvertrag. Die Kollektivgemeinschaft von Grundherren und Bürgern ersetzte die alte Feudalherrschaft (Comune-Ordnung). Feld, Franziskus 76 f.; Kreidler-Kos/Kuster, Bruder Feuer und Schwester Licht 31–36, 271, 286, 303 (S. 286: Hier finden sich auch weitere Informationen zu Konrad, der auch 1195 Reichsverweser in Sizilien gewesen war und dem der spätere König Friedrich II. [1194–1250, seit 1198 König von Sizilien, seit 1212 deutscher König, seit 1220 Kaiser] als Kleinkind anvertraut wurde).

[12] Francesco – Französlein. – Eine Möglichkeit dafür könnte die Erinnerung des Vaters an das Land sein, in dem er zur Zeit der Geburt seines Sohnes in geschäftlichen Angelegenheiten weilte. Alternativ böte sich auch an, dass der Sohn bei der Heimkehr des Vaters bereits einige Worte auf Französisch oder Provenzalisch sprechen konnte. In diesem Fall läge eine Herkunft der Mutter aus (Süd-) Frankreich nahe, wie Feld vermutete (siehe dazu jedoch Anm. 10).

in den Städten sowohl Beispiel als Boden und Rückhalt. In dem Maße freilich, als das kulturelle Leben eigenständiger und verzweigter wird, hebt es sich kritischer gegen den Klerus als den Repräsentanten der Kirche ab und konfrontiert ihre äußere Wirksamkeit mit ihrer inneren, verpflichtenden Wahrheit.

Am Hofe der Päpste hatten weltlich gesinnte Leute die Oberhand bekommen. Männer der strengen Forderung erhoben sich zum Einspruch, unter ihnen auch solche, die um ihrer persönlichen Verkündigung willen den Geist des Ganzen verließen. Dieser Art, in manchem früheren Spaltgeistern ähnlich, war der Stifter der Waldenser, Petrus Waldes [† 1205/06], mit seinem Anhang, den »Armen aus Lyon«[13]. Er wirft den Hungernden ein reiches Vermögen hin, er predigt Buße, aber er greift die alte reine Lehre an, er zerrt den

---

Sicher belegt ist, dass Franziskus französisch sprach, wenngleich nicht perfekt (Drei-Gefährten-Legende 10). Feld, Franziskus 100 f., 106. – Nach Kreidler-Kos/Kuster (Bruder Feuer und Schwester Licht 26) könnte der Name auch vom Begriff »*panno francesco*« (französischer Stoff) herrühren, den der Vater importierte.

[13] Waldes gründete diese von den Katharern unabhängige Laienbewegung 1175 als Buß- und Armengenossenschaft. Im Unterschied zu den Katharern vertraten die »Waldenser« keine unchristliche, unorthodoxe Lehre, sie predigten weder einen Dualismus, noch kannten sie rituelle Sonderformen; die Bibel galt ihnen als alleinige Richtschnur. Obwohl ihr Ziel vornehmlich eine Reform des Christentums war, wurden sie ins Ketzertum getrieben. Auf der Synode von Verona 1184 verfielen sie dem Kirchenbann. Papst Lucius III. (1181–1185) setzte damals neben den Katharern und Patarinern auch die Armen von Lyon als Ketzer in die Verdammungsbulle »*Ad abolendam*«. Zu Waldes und den Waldensern siehe: Jedin, Handbuch III/2 128; Vinay, Waldes; Molnár, Die Waldenser; Bernhart, Vatikan 305. – Im Juni 2015 besuchte Papst Franziskus als erster Papst im Rahmen seiner zweitägigen Pastoralreise nach Turin am 22. Juni die am Corso Vittorio Emanuele II gelegene Waldenserkirche. Er wurde dort vom Moderator der »*Tavola Valdese*«, Pastor

Armutsgedanken ins Ketzerische und bietet endlich dem Verdikte Roms die Stirn. Zur größern Gefahr der Zeit verkünden die Albigenser, vom Übel in der Welt an der einen Vorsehung aller Dinge irre geworden, den Glauben an zwei Götter, den guten Schöpfer der Seele und den bösen, schlechten Erschaffer der stofflichen

Eugenio Bernardini, sowie dem Pastor der Gemeinde von Turin, Paolo Ribet, begrüßt, die ihn eingeladen hatte. Der Papst erinnerte dabei auch an seine »Begegnungen mit den Freunden der evangelischen Waldenserkirche des *Río de la Plata*«. Bei diesem Besuch sprach er auch sein Bedauern über die Behandlung der Waldenser in der Vergangenheit aus: »Von Seiten der katholischen Kirche bitte ich euch um Vergebung. Ich bitte euch um Vergebung für die unchristlichen, ja sogar unmenschlichen Haltungen und Verhaltensweisen, die wir euch gegenüber in der Geschichte hatten. Im Namen des Herrn Jesus Christus, vergebt uns!« (https://www. vatican.va/content/francesco/de/speeches/2015/june/documents/ papa-francesco_20150622_torino-chiesa-valdese.html – 3. Juli 2021). Die im August tagende Synode der Waldenser betonte, dass man mit »tiefem Respekt und innerer Bewegung« die Bitte des Papstes um Vergebung aufgenommen habe, betonte allerdings auch: »Jedoch erlaubt uns diese neue Situation nicht, für diejenigen zu sprechen, die mit Blut und anderen Leiden ihr Zeugnis zum evangelischen Glauben bezahlt haben und an ihrer Stelle zu verzeihen«. (https:// religion.orf.at/v3/stories/2728188/; 25. August 2015 – 3. Juli 2021). – Ende Juli 2021 sandte der Vatikan ein Grußtelegramm an die Synode der Union der methodistischen und waldensischen Kirchen. Die Waldenser zählen heute etwa 100 000 Mitglieder, die vor allem in Italien leben und in Rom eine Theologische Fakultät haben. (https://www.vaticannews.va/de/papst/news/2021-08/papst-franziskus-waldenser-synode-telegramm-oekumene-italien.html – 21. August 2021).

[14] Die »Albigenser« sind die Angehörigen von Albi, einer Diözese der Katharer in Südfrankreich, abgeleitet von der Stadt Albi, dem ersten Bischofssitz dieser Katharergruppe. Deren Name wurde allerdings bereits während des 12. Jahrhunderts in Frankreich als Begriff sowohl allgemein für Ketzer als auch speziell für die Katharer in der Languedoc verwendet. Die Ableitung des Namens von Albi ist jedoch etwas problematisch. Es wäre auch denkbar, dass sich der Name Albigenser vom lateinischen Wort *»albus«* (weiß) herleitet, das traditionell mit der Reinheit zusammenhängt (der eigentliche

Natur[14]. Die Kirche wendet sich gegen diese Geister der Häresie mit äußerster Gewalt, und blutige Kämpfe entbrennen, um die Idee vom einen, allwaltenden Gott zu retten[15]. Sie selbst, mit ihr das abendländische Völkerleben fühlten sich in ihrem christlichen Grunde bedroht von Irrgedanken: jeder gute Mensch

Sinn des weißen Brautkleides). Dies würde gut dazu passen, dass die Katharer sich selbst als die Reinen verstanden und demgemäß bezeichneten. Gerhard Rottenwöhrer hat inzwischen überzeugend darlegen können, dass die Albigenser nicht mehr in den Kontext des Christentums gehörten. Sie waren demnach keine innerchristliche Sekte, sondern verkörperten bereits eine neue Religion. Zum Thema Katharer und Albigenser siehe: Raoul Manselli, Albigenser, in: LMA 1 (1980) 302 f.; Peter Segl, Albigenser, in: LThK 1 ([3]1993) 340; Borst, Die Katharer; Kolmer, Ad capiendas vulpes; Rottenwöhrer, Der Katharismus; Oberste, Der »Kreuzzug« gegen die Albigenser.

[15] Zunächst versuchte die Kirche, sich dieser Gruppe mit konventionellen Mitteln zu erwehren. Als diese scheiterten, kam es zu zwei Kreuzzügen, von denen der zweite unter Innozenz III. (1198–1216) und Honorius III. (1216–1227) der weitaus bedeutendere wurde. Den größten Erfolg brachte der Albigenserkreuzzug aber letztlich dem französischen König, weil er ihm die Vergrößerung und Einigung des Königreichs Frankreich ermöglichte. Ein sehr scharfes Urteil fällt Johannes Haller: »Der Kreuzzug gegen die Albigenser gehört zu den Dingen, die das Schuldkonto der Kirche des Mittelalters am schwersten belasten. Wer sie anklagen will, kann keinen härteren Vorwurf finden als … dieses wahllose Ausmorden einer halben Bevölkerung und das Elend, in das der überlebende Teil gestürzt wird, all diese empörende Roheit, begangen im Namen des wahren und reinen Glaubens und unter der Fahne dessen, der den Frieden und die Liebe gepredigt hat. … der Kampf für Gott und den Glauben wird zum Raubzug auf Hab und Gut von Andersdenkenden, so daß niemand entscheiden kann, welches die eigentliche Triebfeder gewesen und wie oft Religion nur als Deckmantel niedriger Begierden mißbraucht worden ist.« Haller, Das Papsttum III 456 f. – Das Urteil von Franz Xaver Seppelt ist dem von Haller sehr ähnlich, wenn er schreibt: »Auch der katholische Kirchenhistoriker kann in dem Albigenserkreuzzug … nur eines der abstoßendsten und traurigsten Kapitel der Kirchengeschichte sehen.« Seppelt, Geschichte der Päpste III 385. – Kolmer, Ad capiendas vulpes;

sei Priester, die Sakramente der Kirche seien zu verachten, denn die ganze Erde sei gesegnet, und jeder
gute Mensch sei Gottes Sohn wie Christus.

In solcher Zeitluft[16], sozial und religiös gewitterig,
reifte Francesco bei dürftiger Schulung des Geistes[17]
in die Jahre der Unruhe, da sich der Mensch zum erstenmal als Frage fühlt und doch von keinem anderen
Antwort will als von sich selbst.

## 3

Er ist eitel, geckenhaft, immer rasch hochaus in kek-
ken Phantasien; er liebt es, anders als die anderen zu
sein[18], den Ton zu geben und im Lichte des Beachte-
ten zu stehen; er ist vom Grunde nobel, feinspürig,
liebesam offen für alles, und sein Ich hat hundert Tü-
ren ins Freie. Solcherart erscheint in den Berichten
das Leben, das die schmächtige, grazile, vom edel-
sten Schlag geprägte Figur bewohnte. Aus diesem natürlichen Stoff, erfreulich und nicht, wird die Gnade das ihrige zu machen wissen. Oder war die Natur
mit Vorzug und Mangel so gerüstet, weil der künf-
tige Stand der Vollendung ihrer so bedurfte? Waltet
auch im menschlichen Werden, wie bei den Kreatu-

Segl, Die Anfänge der Inquisition im Mittelalter (Lit.); Vaux-de-
Cernay, Kreuzzug gegen die Albigenser. Die »Historia Albigensis«
(1212–1218); Bernhart, Vatikan 305–307.
[16] Siehe dazu auch: Weitlauff, Franziskus 150 f.
[17] Siehe hierzu Anm. 209.
[18] Das zeigte sich auch in der Wahl auffälliger Kleidung. Drei-Gefährten-Legende 2; Feld, Franziskus 107; Weitlauff, Franziskus 156.
[19] Siehe dazu: Kittel, Theologisches Wörterbuch zum Neuen Testament VI 58–61.

ren des vernunftlosen Reiches, das endhaft Bezweckte im Gang der Entwicklung als wirkende, lenkende Ursache voran?

In der eleganten Jugend (*jeunesse dorée*) des Städtchens, einem Schwarm ergebener Freunde, ist er der Mittelpunkt des ausgelassenen, genußsüchtigen Treibens. Er hat vom väterlichen Überfluß genug hinauszuschwenden, er liebt es, im Vorgefühl des Besonderen, zu dem er berufen ist, sich aufzuspielen und im geselligen Triebe das Dasein als Fest in Festen zu feiern. In einem Gemüt voll Schwang und Überschwang – genau das περισσεύειν [perisseúein] des Neuen Testaments[19] – bewegt ihn stetig der Traum, er werde einst als großer Fürst von allen verehrt werden[20]. Aber bevor die Erfüllung kam, und sie kam auf ihre eigene Weise, mußte eine schwere Krankheit ihn niederwerfen[21]. Ein süßes Geschiedensein von den Dingen des Alltags ließ ihn die wunschlose Verachtung des Gewöhnlichen kosten, und es löste ihn sachte aus der Verstrickung sorglosen Weltgenusses. Es war der erste Schlag auf die Schale, die den Kern umgab.

Aber die Einbildung einer großen Zukunft war auch in der Krankenstube nicht ganz vergangen. In dieser

[20] Drei-Gefährten-Legende 5; Anonymus Perusinus 5; 2 Celano 6.

[21] Im Krieg zwischen Assisi und Perugia geriet Franziskus 1202 in Gefangenschaft. Ein Jahr verbrachte er in Perugia im Kerker (Drei-Gefährten-Legende 4). Mit Hilfe dieser Gefangenen konnten die nach Perugia geflohenen Adeligen Assisis ihren Druck auf ihre Heimatstadt erhöhen (vgl. Anm. 11). Bereits gesundheitlich angeschlagen kehrte Franziskus 1203 nach Hause zurück, wo er schwer erkrankte und mehrere Monate im Bett verbrachte. Kreidler-Kos/ Kuster, Bruder Feuer und Schwester Licht 34–37.

Blütezeit des Rittertums, wo es landauf, landab von Turnieren und Lanzenrennen klirrte, wo die gefeiertsten Troubadours von den Liebeshöfen der Provence auch über Italien die »fröhliche Wissenschaft« verbreiteten, die Kunde von Artus und seiner Tafelrunde auf wandernden Harfen erklang[22], wo Templerorden[23] und Kreuzzüge[24] aus kriegerischer Weltlust und frommer Christensehnsucht ein neues, seltsam berauschendes Ideal erschufen, in dieser Zeit der auf Erd und Himmel gespannten Minne konnte sich der hochtrachtende Francesco dem Zauber der ritterlichen Welt nicht entziehen. Er rüstet sich, mit einem reisigen Landsmann[25] nach dem Kriegsschauplatz im Süden aufzubrechen. Tags vor dem Auszug vollführt er, waffenlos, schon die Tat eines Edlen: sein nagelneues Gewand verschenkt er an einen armen Ritter[26].

---

[22] Fleckenstein, Rittertum und ritterliche Welt; Baehr, Der provenzalische Minnesang.

[23] Fleckenstein/Hellmann, Die geistlichen Ritterorden; Kaspar Elm, Templer. I. Historisch, in: LThK 9 (³2000) 1331 f.

[24] Runciman, Geschichte der Kreuzzüge; Mayer, Geschichte der Kreuzzüge.

[25] Das heißt mit einem Ritter zu Pferd im Gegensatz zu einem Fußsoldaten. – Er begleitete nach der Drei-Gefährten-Legende (5) einen Adeligen nach Apulien, um durch einen Grafen Ritter zu werden. Abhängig davon, ob man den lateinischen Text *»a quodam comite gentili«* oder *»a quodam comite Gentili nomine«* liest, war es ein namenloser edler Graf oder ein Graf mit dem Namen Gentile. Geht man von letzterem aus, könnte es der Graf von Monoppello, Gentile dei Paleari, gewesen sein, der päpstlicher Beschützer für den Knaben Friedrich II. war. Franziskus-Quellen 614 mit Anm. 7 (Leonhard Lehmann). Siehe dazu auch: Anonymus Perusinus 5 (ebd. 580 mit Anm. 6 (Leonhard Lehmann)). – Für dieses Unternehmen (1204) ebenso wie für den Krieg gegen Perugia hatte Franziskus' Vater seinen Sohn mit Pferd und Rüstung ausgestattet, was jeweils ein kostspieliges Unterfangen war. Feld, Franziskus 109–111; Kreidler-Kos/ Kuster, Bruder Feuer und Schwester Licht 35, 38.

Er zeigte hier dieselbe rasche Ritterlichkeit (*courtoisie*) des Herzens, in der er einmal einem Bettler, den er im väterlichen Kaufladen, wo die Leute sich drängten, abgewiesen hatte, reuig nachsprang, um ihn doppelt zu beschenken[27]. Auf der Reise aber zum Ritterschlag, ins apulische Gebiet, hielt ihn ein dunkler Zwischenfall plötzlich auf. Jubelnd war er morgens ausgezogen, nachdem ein Traum der Nacht ihm den Palast seiner künftigen Herrlichkeit vorgegaukelt hatte[28], aber schon abends, als er Spoleto erreichte, ist seine Begeisterung verrauscht. Ob Spöttereien seiner adeligen Weggenossen den nicht ebenbürtigen Sohn eines Kaufmanns an der Ehre verletzten, ob er aus tieferen Regungen in sich schlug – wir wissen es nicht. In der Nacht bewegte ihn abermals der Traum eines Zwiegesprächs: »Franz, wohin?« – »Nach Apulien, um Ritter zu werden!« – »Wer kann dir mehr Wohltat erweisen, der Herr oder der Knecht?« – »Der Herr.« – »Warum verlässest du den Herrn für den Knecht, den Gebieter für den Untertanen?« – »Was willst du, Herr, daß ich tun soll?« – »Kehr um in deine Heimat! Durch mich soll geistig sich erfüllen, was du geschaut hast.« Frühmorgens wendet er sein Roß nach Hause, die Rüstung fühlt er als fremdes Gewand um seinen Leib[29]. In Assisi empfängt ihn der Spott auf allen Gassen. Noch einige Tage irrt er umher als wahrer Ritter von der trau-

[26] Drei-Gefährten-Legende 6; Anonymus Perusinus 6; vgl. 2 Celano 5; Bonaventura, Legenda maior I,2.

[27] Drei-Gefährten-Legende 3.

[28] Drei-Gefährten-Legende 5. Vgl. 1 Celano 5. – Siehe dazu: Feld, Franziskus 110 f.

[29] 2 Celano 6; Drei-Gefährten-Legende 6. – Feld, Franziskus 111 f.; Kreidler-Kos/Kuster, Bruder Feuer und Schwester Licht 38.

rigen Gestalt[30], tastend nach der neuen Zukunft und der andern, ungekannten, ungeahnten Größe. Schal ist alles in der Welt – nur dies eine wußte er, und es war ihm Weisheit genug, um weder Kaufmann noch Ritter zu werden. Der Vater wütet gegen den Narren, man verlacht den entthronten Jugendkönig[31] von Assisi als einen Tölpel[32].

## 4

Nicht Ritter von Stande, aber ritterlich von Natur und Gnade[33], sich selbst und den anderen fragwürdig geworden – so brachte Franz, schon reichlich über die Zwanzig, die nächsten drei Jahre in der quälenden Mißlage des Ratlosen hin, der vom Alten sich löst, das Neue nur in dumpfer Ahnung sich nähern spürt. Für das Geschäft des Vaters freudlos tätig, liebt er jede Gelegenheit, sich abzusondern und mit den Schatten des Daseins zu befreunden. Auf langen Gängen in die Einsamkeit, manchmal von einem gleichaltrigen Genossen begleitet, geht er mit sich zu Rate, betet in einer Höhle[34] mit solcher Glut, daß er dem Auge

---

[30] Anspielung auf Cervantes' »Don Quijote« (1605–1615), der ungeachtet der ihn beständig widerlegenden und höhnenden Wirklichkeit unbeirrbar, in rührender Einfalt und adeligem Stolz, an seinem ritterlichen Ideal festhält und dabei in eine immer größere Menschlichkeit hineinwächst. Miguel de Cervantes Saavedra, Der sinnreiche Junker Don Quijote von der Mancha. Vollständige Ausgabe der Übertragung von Ludwig Braunfels, München 1986.

[31] Franziskus war nach seiner Rückkehr von der Jugend von Assisi zu ihrem Führer (*dux, dominus*) gewählt worden. Feld, Franziskus 112 f. – Siehe dazu auch weiter unten im Text.

[32] Weitlauff, Franziskus 157.

[33] Siehe dazu auch: Feld, Franziskus 108.

[34] In der Drei-Gefährten-Legende (12) ist von einer Krypta nahe der

des Freundes zu leuchten scheint. Er betet zu seinem neuen Herrn um die kostbarste, dem Menschen allezeit schwierigste Erkenntnis: er möge ihm seinen Willen, den Willen Gottes mit ihm, dem »neuen Ritter Christi«, offenbaren. Die Kraft seiner Seele erstarkt zu Taten ungewöhnlicher Selbstüberwindung. Er begegnet, in tiefen Gedanken über Land reitend, einem Aussätzigen, wendet in natürlichem Abscheu sein Roß, besinnt sich im nächsten Augenblick seiner neuen großen Vorsätze, und seiner Feigheit sich schämend steigt er ab, beschenkt den Kranken und küßt ihm, wie man dem Priester zu tun pflegte, die Hand. Der Geruch der Leprosenhäuser widert ihn von weitem schon an, aber wenige Tage später suchte er Aussätzige in ihren Hütten auf, um dort zu dienen und zu pflegen[35]. Er hat sich die Seuche nicht zugezogen, aber eine Freiheit der Herrschaft über seine Natur gewonnen, von der er selber noch in seinem Testamente spricht[36]. Seine Hinkehr auf den »Weg der Buße« hatte begonnen; bald wird er die »Weltlichkeit« noch gründlicher verlassen. Es ist »der Herr«, der als unausweichliche Macht ihn ergriffen hat. Er ist es, der

---

Stadt Assisi die Rede. Eine solche existierte damals nur in San Masseo am Fuße der Stadt. An derselben Via Petrosa lag das Aussätzigenhospiz S. Lazzaro d'Arce (später Santa Maddalena). Kreidler-Kos/Kuster, Bruder Feuer und Schwester Licht 45–49 (mit Abb.), 351, Anm. 71.

[35] Drei-Gefährten-Legende 11; 1 Celano 17; 2 Celano 9. – Kreidler-Kos/Kuster, Bruder Feuer und Schwester Licht 48 f.

[36] Siehe in diesem Buch S. 155–159. – Das Testament des Franziskus, das für die Geschichte des Ordens eine sehr große Rolle spielen sollte, gilt heute allgemein als echt. Entstehungszeit: September/Oktober 1226. Franziskanische Quellenschriften 1 216 f. (Franziskus-Quellen 59–62 [Leonhard Lehmann]); zu möglichen Einwänden gegen die Echtheit siehe Feld, Franziskus 13–16.

seinen Trieb zum Gegensatze wider die gemeine Nutzung des Daseins beharrlich macht und immer tiefer befestigt.

Man wird den Zug nach auffallender Sonderung im jungen Francesco, den Hang zur erhöhten Beachtung des Opponenten, der sein Leben abseits einrichtet und solcherweise sich als Kritiker der Zeit sichtbar macht, nicht übersehen dürfen. Aber nicht dieser Umstand allein, auch nicht das Mitgefühl mit der Masse der Bedrückten seines Lebenskreises, das seine noble, allteilnehmende Natur im tiefsten erschütterte, reichen zum Verständnis seines künftigen Weges aus. Bei ihm, wie überhaupt beim Heiligen, ist von aller Psychologie keine genügende Erklärung zu erwarten. Bei jeglicher Entwicklung im Natürlichen und Geistigen ist das Vollkommene das im Anfang schon wirksame Werdeziel, wie sehr es dem Werdenden selbst auch verborgen ist. Vor allem Samen muß die Wesensgestalt der Pflanze sein, aus welcher hervor und auf welche hin ihr Wachstum sich vollzieht. Auch in der Welt der Freiheit, beim Menschen also, ist die Anlage eine ursprüngliche Hinordnung auf einen göttlich vorgewollten Endstand, den er, eben seiner Freiheit wegen, so verfehlen als erfüllen kann. Ihn zu erreichen, bedarf es der gehorsamwilligen Bereitschaft gegenüber einer ihm selbst überliegenden Macht, ohne die er zu seiner Vollverwirklichung, weil ja seine Natur nichts Ganzes und von sich aus immer unfertig ist, nicht gelangen kann. Hierin liegt die Grundbedingung jedes Zu-Ende-Werdens des Menschen, der einmal begriffen hat, was Christ-sein heiße, und nach dieser Erkenntnis mit seiner Existenz verfährt. Jene Bereitschaftshaltung, tiefsinnig auch *potentia oboedientialis* [Vermögen zu gehorchen] genannt, die Potenz des Gehorsams gegen den Schöpfer, in der wir unsere Natur für die Wandlung und Erhöhung durch die Übernatur der Gnade zur Verfügung stellen, gibt dem Christenleben von Grund aus den Charakter der Antwort. Mit ihr erwidert er einen Anruf, den er zwar in seiner Innenwelt wahrnimmt, nicht aber als natürliches Erzeugnis derselben erachten kann. Er kann es so wenig, daß er auch die furchtbaren Spannungen, die zwischen seiner Natürlichkeit und jenem anderen, ihn oft so fremd und gewaltsam beherrschenden Zuge entstehen, erträgt und bis zum leidenvollsten Ende an sich geschehen läßt. So wirkt er in Treue zu einem zweiten Ich, handelt hinein in die Geschichte aus dem unerschütterlichen Wissen, daß der verborgene Herr der Geschichte mit ihm und durch ihn nach seinem guten, ob noch so harten Gesetze handelt. Nicht der Heilige selbst, geschweige die befremdete oder auch höhnende Mitwelt vermag die Einzelschritte nacheinander auf ihren Sinn und Wert deuten, aber es kommt die Zeit, wenn nicht für ihn, so für die rückschauende Nachwelt, da sich das Fadengewirr von Tat und Schicksal als Gewebe nach Plan und Gesetz herausstellt.

Aus den Jahren seiner inneren Formung sind uns nicht viele Züge aufbewahrt, aber weil es die schon der Mitwelt auffälligsten, oft durch grelle Drastik bewegenden sind, erlaubt uns dieses Ausdrückliche den Schluß auf inwendig entscheidende Vorgänge seiner wachsenden Entäußerung vom *saeculum* [der Weltlichkeit], dem üblich menschlichen Weltgebrauch auch der christlich gewillten Menge. Noch einmal, nicht ohne Zögern, rief er nach dem Fehlschlag seines Rittertraumes die Freunde zusammen an seine beliebte Tafel. Ihren Freuden folgte zwischen Nacht und Morgen in den Gassen der Zechergesang der Sorglosen. Franz blieb nachdenklich hinter ihnen zurück und kam, wie zu Stein geworden, nicht mehr von der Stelle. – »Was hast du? Du denkst wohl daran, dir eine Frau zu nehmen?« – »Jawohl, ich habe meine Braut, so vornehm, so reich, so schön, wie ihr noch keine gesehn habt«[37]. – In diesen Worten brach sein Verlöbnis mit der Dame Armut hervor. Als mehr denn nur Begriff oder Ideal, als zwingende Gestalt vertrat sie ihm den Weg, wirklich und personhaft genug, um sein Wort ihm abzunehmen. So mochten den Alten ihre Götter sich melden, so fühlte noch Petrarca [1304–1374], ein Jahrhundert später, die *Melancolia* [Schwermütigkeit] sein Gemach betreten[38]. Nicht eine flüchtige Wallung des Herzens personifiziert sich in Franzens gestalterischer Phantasie, sondern ein Wesenhaftes, mit dem er fortan zu rechnen hat, ergreift von ihm Besitz. Er hat seine Anverlobte, er wird, wie er soll, ihr die Treue halten und immer von ihr reden als der *domina mea Paupertas*[39].

Ein harter Entscheid – nach Dantes Wort *sua dura intenzione*[40] – war gefallen, und so hart und unbedingt

---

[37] Drei-Gefährten-Legende 7. Die drei Gefährten verstanden unter der Braut den Orden.

[38] Roth, Francesco Petrarca (Lit.); Stierle, Francesco Petrarca.

[39] Die Armut wird häufig von Franziskus als »Herrin« bezeichnet; siehe beispielsweise das »Testament von Siena« (auch Drei-Gefährten-Legende 33, 38; 1 Celano 51, 70, 93; 2 Celano 70, 84 ebenso 193). – In diesen Kontext gehört das Werk »Der Bund des heiligen Franziskus mit der Herrin Armut«. Die Armut ist demzufolge eine »Herrin«, eine hochgestellte Dame, die der heilige Franz verehrt und mit der er einen »Bund des Heiles« schließt. Sie ist nicht

werden im Leben dieses Nachfolgers des Unbedingtesten auch die kommenden sein. Was weich und flüssig ist in seinem Wesen, sich ergießend und in Liebesfühlung allerwärts sich verströmend, zerstört nicht zugleich den felsig festen Grund, aus dem es erquillt. Das Antlitz mit der dünnen, feinen Lippe des Entschlossenen, der Charakter, der wie jeder auf Zeiten und Zonen wirkende auch sein *terribile* [Erschreckendes, Großartiges] hatte, ist im Gedächtnis der Nachwelt zum allerweg sonnigen Poverello [armen Kerl] verzartet, verkindlicht und also verfälscht worden. Wie mag es in dem schwarzen Auge gebrannt haben, sooft er mit einem Akt der »Torheit des Kreuzes«[41] wieder um ein neues sich losriß aus der Verstrickung des Alten!

Abgestoßen von der Welt der Gier nach Haben und Scheinen, hört er schärfer und schärfer auf den Ruf, der aus der Welt des Elends nach ihm verlangt. Abseits in Kapellen beten, vor dem zerschundenen Kruzifixus sich zu Boden werfen, alle Werke der äußeren Frömmigkeit vermochten seinen Drang nach einer neuen Lebensform nicht zu stillen. Der Gekreuzigte will Täter seines Wortes und Beispiels, er will Barmherzigkeit[42] – und Franz beginnt zu geben, zu streuen.

etwa seine Braut, sondern die Braut Jesu Christi, des Herrn. Manche Autoren meinen, die »Herrin Armut« sei »das weibliche Gesicht Jesu«. Franziskanische Quellenschriften 9; Franziskus-Quellen 661–685 (vgl. auch die Einleitung zu diesem Werk: 654–661 [Johannes Schlageter]).

[40] Seine harte Absicht. Dante Alighieri, Divina Commedia. Paradiso XI,91.

[41] Vgl. 1 Kor 1,18–27.

[42] Diese Forderungen griff auch Papst Franziskus in seiner ersten Enzyklika »*Evangelii gaudium*« deutlich auf: »Die Kirche ›im Auf-

Auf einer Pilgerfahrt nach Rom wirft er, wie seine Genossen, von seinem Gelde an die Apostelgräber, schüttet endlich alles auf den Kirchenboden[43]. War es genug? Ist es nicht immer noch Gut von seinem Gute, Almosen, das er, der Besitzende, verschenkt? Nein, nicht an Bettler nur geben, sondern Bettler sein, selber die Hand nach dem Pfennig strecken, das ist die Armut, die er sucht. So hockt er wie andere auf den Stufen von St. Peter, der Sohn des reichen Bernardone, und fühlt, wie Betteln tut[44].

bruch‹ ist die Gemeinschaft der missionarischen Jünger, die die Initiative ergreifen, die sich einbringen, die begleiten, die Frucht bringen und feiern. … Die evangelisierende Gemeinde spürt, dass der Herr die Initiative ergriffen hat, ihr in der Liebe zuvorgekommen ist (vgl. 1 Joh 4,10), und deshalb weiß sie voranzugehen, versteht sie, furchtlos die Initiative zu ergreifen, auf die anderen zuzugehen, die Fernen zu suchen und zu den Wegkreuzungen zu gelangen, um die Ausgeschlossenen einzuladen. Sie empfindet einen unerschöpflichen Wunsch, Barmherzigkeit anzubieten – eine Frucht der eigenen Erfahrung der unendlichen Barmherzigkeit des himmlischen Vaters und ihrer Tragweite. Wagen wir ein wenig mehr, die Initiative zu ergreifen!‹ (Evangelii gaudium 24) – »Brechen wir auf, gehen wir hinaus, um allen das Leben Jesu Christi anzubieten! Ich wiederhole hier für die ganze Kirche, was ich viele Male den Priestern und Laien von Buenos Aires gesagt habe: Mir ist eine ›verbeulte‹ Kirche, die verletzt und beschmutzt ist, weil sie auf die Straßen hinausgegangen ist, lieber, als eine Kirche, die aufgrund ihrer Verschlossenheit und ihrer Bequemlichkeit, sich an die eigenen Sicherheiten zu klammern, krank ist. Ich will keine Kirche, die darum besorgt ist, der Mittelpunkt zu sein, und schließlich in einer Anhäufung von fixen Ideen und Streitigkeiten verstrickt ist. … Ich hoffe, dass mehr als die Furcht, einen Fehler zu machen, unser Beweggrund die Furcht sei, uns einzuschließen in die Strukturen, die uns einen falschen Schutz geben, in die Normen, die uns in unnachsichtige Richter verwandeln, in die Gewohnheiten, in denen wir uns ruhig fühlen, während draußen eine hungrige Menschenmenge wartet und Jesus uns pausenlos wiederholt: ›Gebt ihr ihnen zu essen!‹ (Mk 6,37)«. (Evangelii gaudium 49).

[43] 2 Celano 8; vgl. Drei-Gefährten-Legende 10.
[44] Drei-Gefährten-Legende 10.

40

Zu Hause macht er mit Ware einen Ritt über Land, verkauft mit dem Tuche auch das Pferd, und was er zurückbringt, will er dem armen Priester von San Damiano geben, seiner lieben Gebetsstätte, damit er ihn bei sich behalte und so kärglich, als es seine eigene Gewohnheit, miternähre. Der Priester wehrt sich gegen das Geld, vielleicht auch gegen die Vorsätze des hochgespannten Bürgersohnes voll gegenbürgerlicher Wallungen. Er kannte Franz von manchen Besuchen in der ruinösen kleinen Kirche, er hatte von ihm auch das Geld zum Ölkauf für die ewige Lampe hingenommen, die vor dem Bilde des Gekreuzigten brennen sollte, nachdem es dem jungen Beter zum Zeugen mancher inneren Selbstverstehung geworden war[45]. Diesmal aber – obzwar er Franz das Wohnen beim Heiligtum gestatten wolle – schlägt er ihm den Beutel mit der hohen Summe ab. Franz wirft ihn auf den Sims eines Fensters und verbleibt in den geliebten Mauern[46]. Vom Vater, der nach langer Suche die Wahrheit erfuhr, wird sich ein Zorngewitter über ihn, den Taugenichts, entladen. Er hört davon, er bangt noch vor dem offenen Kampfe, flieht und verbirgt sich wochenlang in einer Höhle, wo er von der heimlichen Zufuhr eines mitwissenden Dienstboten lebt. Nach

[45] Drei-Gefährten-Legende 13. – Das umbrische Holztafelkreuz wurde in der Zeit kurz nach 1100 gemalt. Es befindet sich heute in der Kirche Santa Chiara in Assisi und ist inzwischen ein beliebtes Identitätszeichen der franziskanischen Bewegung. Betschart, Franziskus 19 f. Siehe dazu auch: Kreidler-Kos/Kuster, Christus auf Augenhöhe. Das Kreuz von San Damiano; Kreidler-Kos/Kuster, Bruder Feuer und Schwester Licht 101–104. – Zur Architektur von San Damiano siehe: ebd. 95–98. – Eine Abbildung dieses Kreuzes findet sich z. B. auch in: Gobry, Franz von Assisi 56.

[46] Drei-Gefährten-Legende 16.

schwerem Ringen und vielem Beten und Weinen, es möge der Herr ihn aus der Verfolgung erlösen, sprengt der Kern die Schale, das Herz gewinnt sich seine Freiheit. Freudeglühend, frohlockend geht er nach Assisi hinauf, sich dem Bedränger zu stellen. Auf dem Marktplatz entsetzt sich die Menge an dem zerlumpten, abgezehrten Sohn des Bernardone, und Schimpf und Schmutz und Steine folgen ihm auf dem Weg zu seinem Hause[47].

Als die wüste Szene der Begegnung mit dem Vater sich abgespielt hatte, mußte Franz ein finsteres Gemach beziehen, Fesseln an den Händen. Bernardone verreiste, die Mutter befreite den Gefangenen, aber kein Zureden ihres Friedenswillens konnte verhindern, daß er nach San Damiano zurückkehrte[48]. Der innere Zwang, der ihn trieb, bestätigt auch die Wahrheit eines entscheidenden Erlebnisses, das sich nach dem Zeugnis seines Lebensbeschreibers[49] dort mit ihm zugetragen hatte. Von dem Kreuzbild her, das den Gottessohn in ernster, milder Hoheit darstellte, war das stimmlich gehörte Wort an ihn ergangen, er solle das zerfallende Haus des Herrn wieder aufrichten[50], und betroffen, zitternd hatte Franz geantwortet: »Ger-

---

[47] 1 Celano 8–11; Bonaventura, Legenda maior II,1 f.; Drei-Gefährten-Legende 16 f.

[48] 1 Celano 12 f.; Bonaventura, Legenda maior II,3; Drei-Gefährten-Legende 18.

[49] Gemeint ist Thomas von Celano (um 1190 – um 1260) (siehe dazu unten S. 167: Die »Franziskanische Frage«). Er stellte ca. 1250–1252 auch die Wunder des heiligen Franziskus in einem Werk zusammen, das »Mirakelbuch« genannt wird.

[50] »Franz selber hörte jedoch kein Kreuz sprechen und sprach selber auch nie vom materiellen oder geistigen Erneuern der Kirche.« Kreidler-Kos/Kuster, Bruder Feuer und Schwester Licht 54 mit Anm. 85 (S. 352): »Die Tradition vom ›sprechenden‹ Kreuz kommt

ne, Herr, ich will es tun«[51]. Geheiß und Verspruch, erst buchstäblich, dann im höheren Sinne von der Erneuerung der welthaft gewordenen Kirche Christi aufgefaßt, banden ihn unwiderstehlich an diese Stätte. Als der Vater heimkehrte, seine Gattin hart anlassend, war es vergeblich, daß er den Sohn in seiner Klause aufsuchte und mit Drohungen auf ihn einsprach, er möge, als Schande der Familie, wenigstens die Heimat verlassen. Er stieß nur auf Widerstand, und so verklagte er den Ungetreuen auf Herausgabe des Erlöses für Tuch und Roß. Franz bestritt im Hinblick auf seinen neuen Eremitenstand die Zuständigkeit des weltlichen Gerichtes; er unterstehe jetzt dem geistlichen. Die Ratsherren zogen sich nicht ungern aus der mißlichen Sache, sie gaben ihm recht, und Bernardone ging zum Bischof[52]. Dieser lud den Schuldigen vor und erklärte ihm, daß er unrecht gehandelt und das Geld dem Vater zurückzugeben habe. Es war nicht schwer zu greifen; es lag noch in der Fensternische[53].

Der Tag der Erstattung, der nun folgte, ist denkwürdig in der Geschichte des immer tragischen Kamp-

erst in den 1240er-Jahren auf, ebenso wie die Papstvision von der wankenden Laterankirche. In beiden geht es um Kirchen- und Ordenspolitik.«

[51] Drei-Gefährten-Legende 13; vgl. dazu auch: 2 Celano 10.

[52] Es gab in Assisi wohl zwei Bischöfe mit dem Namen Guido: Guido I. (1197–1211) und Guido II. (1212–1228). Kreidler-Kos/Kuster, Bruder Feuer und Schwester Licht 59, 287. – Feld (Franziskus 130 mit Hinweis auf: Luciano Canonici, Guido II d'Assisi. Il vescovo di S. Francesco, in: Studi Francescani 77 [1980] 187–206) hielt es nicht für ganz sicher, ob es zwei Bischöfe dieses Namens gab. Er setzte Guido II mit einer Amtszeit von ca. 1204 bis 1228 an. Seiner Ansicht nach war die Bezeichnung »Secundus« vielleicht ein Bestandteil seines Namens. Ebd. Anm. 129.

[53] Nach Bonaventura, Legenda maior II,3 hatte Franziskus dieses Geld schon vor der Entkleidungsszene dem Vater zurückerstattet.

fes der beiden Ordnungen, die auf den vollerwachten Menschen – und jede rechtens – ihren Anspruch erheben. Das Gesetz des Herzens, dem der Sohn gehorchen wollte, hatte von Anfang verlorenes Spiel gegen das Gesetz der bürgerlichen Ordnung, wenn der Vater, nicht ungerecht, aber der höheren Rechtlichkeit des Sohnes nicht fähig, auf dieses, das seinige, pochte. Im Freien vor dem Dom San Rufino saß der Bischof als Richter zwischen den beiden und wiederholte seine Aufforderung an den Beklagten. Ihn mochte jetzt ein Wirbelsturm erfassen, der ihm Himmel und Erde verfinsterte. Er tat dem Spruche genug, ja mit biblischem Sarkasmus übergenug. »Herr, von Herzen gern erstatte ich, und nicht nur das Geld, auch meine Kleider am Leibe!« Er lief in das Haus des Bischofs, zog sich aus bis auf den Bußgürtel, den er trug. Nackt wie er dem Vater geboren war, wollte er ihn verlassen. So kam er zurück unter die Versammelten und legte Gewand und Geld vor dem Herrn nieder. »Höret mich – alle! [Und versteht! Bis jetzt habe ich den Petrus Bernardone meinen Vater genannt]. … Von nun an bin ich der Knecht des Herrn. Ich gebe jenem Manne dort nicht nur sein Geld zurück, auch alle Kleider, die ich von ihm habe. Nun kann ich in Freiheit rufen: Vater unser, der Du bist im Himmel – nicht Vater Pietro Bernardone!«[54] Der Ring des Blutes, der Familie, war gesprengt; Vater und Sohn, jedem in seiner Leidenschaft für das Gut, das ihn selig machte, war genug getan, und jeder war Sieger in diesem Streit. Aber in der Wut des Beschämten trug der Vater sein armse-

[54] Drei-Gefährten-Legende 20. Vgl. auch: 1 Celano 15; 2 Celano 12. – Siehe dazu auch: Feld, Franziskus 131 f.

liges Geld nach Hause, während der Bischof, mit den Tränen kämpfend, den Nackten in seine Arme schloß und seinen Mantel um ihn schlug[55].

## 5

Mit diesem Anfang war die μετάνοια [metánoia, Umkehr] besiegelt, die ein Lebensbeschreiber den *ordo versus*, das Leben aus der Umkehrung des gemeinen Welturteils genannt hat[56].

Es legte sich schwer auf den Heimatlosen, und daß er die folgenden zwei, drei Jahre so rauh, wie sie waren, zerreibend für Leib und Seele, ertrug, dieses stete Wunder der Beharrlichkeit zeugt allein schon für

---

[55] Drei-Gefährten-Legende 19 f.; Bonaventura, Legenda maior II,4. – Der Bischof bedeckte Franziskus mit seinem Mantel (*Pallium*). Auf den bildlichen Darstellungen dieser Szene wurde daraus später der Chormantel (*Pluviale*). Feld, Franziskus 132 mit Anm. 135. – Siehe dazu auch: Kreidler-Kos/Kuster, Bruder Feuer und Schwester Licht 52 f.

[56] Nach den Aussagen der *Vita secunda* (2 Celano) sprach in der Phase der Bekehrung der Herr im Traum zu Franziskus, er solle das Fleischliche für das Geistliche vertauschen. Dadurch würde auch die Ordnung gegenüber früher umgekehrt (2 Celano 9: »*Francisce inquit illi deus in spiritu pro carnaliter et vane dilectis iam spiritualia commutato et amara pro dulcibus sumens contemne te ipsum me si velis agnoscere nam et ordine verso sapient tibi quae dico.*«). Thomas von Celano berichtet in seiner Chorlegende davon, dass sich der zunächst weltzugeneigte junge Franziskus in einen anderen Menschen verwandelt habe: »*in virum alterum conversus est*« (Celano, Legenda ad usum chori 2). Franziskus gewinnt durch seine »Bekehrung zu Gott« (*conversio ad Deum*) eine neue Weltsicht. Er selbst gebraucht für diese *Metanoia* (vgl. Mk 1,15) im biblischen Sinne die Worte »*facere poenitentiam*«. Für ihn ist »Buße« die Umkehr des Menschen von einem Leben, das auf das eigene Ich bezogen ist, zu einem Leben, das unter der Herrschaft Gottes steht. Esser, Anfänge und ursprüngliche Zielsetzungen des Ordens der Minderbrüder 210 f., 213–215. Im Lateinischen ist das

die übermenschliche Herkunft seines ihm selbst noch dunklen, erst allmählich sich lichtenden Auftrags. Aber vom Herrn des Evangeliums einmal in Angriff genommen, vermochte er nichts weniger als gegen den Stachel zu löcken, und sann sich aus, wie er selber für seinen Herrn die Welt in Angriff nehmen könne.

Man schrieb jetzt das frühe Jahr 1207[57]; es lag noch Schnee auf dem Monte Subasio. In seinen Wäldern, in der ganzen Landschaft von Assisi strich er umher, zuweilen Romanzen (in seinem geliebten Französisch)[58] singend, in denen die Treue zum Lehensherrn gepriesen war. Er trug das dürftige Gewand, das ihm ein bischöflicher Knecht sogleich geschenkt hatte, und hinten auf dem Mantel sah man schon damals nach der Gerichtsverhandlung, mit Mörtel hingeschmiert, das Kreuz des Lehensherrn, dem er fortan zugeschworen war. Einmal, auf dem Wege nach Gubbio zu einem

von Celano mehrfach gebrauchte Wort »conversatio«, das allgemein Lebensführung und Lebenswandel heißen kann, auch ein Terminus für Kloster- und Ordensleben (ebd. 28 Anm. 1). Ordensleben als »conversatio« findet sich z. B. in der Drei-Gefährten-Legende 1 und 66. Franziskus selbst spricht von seiner »Konversion« (»id, quod videbatur mihi amarum, conversum fuit mihi in dulcedinem animi et corporis«) in Testament 1. Siehe auch: »in alterum virum conversus est« in: Chorlegende im Vatikanbrevier 4. Lesung (Franziskus-Quellen 496–498, hier 497 [Paul Zahner]). Nach dem Tod des Heiligen, so heißt es bei 2 Celano 53, habe sich die Ordnung ganz und gar verkehrt, alles habe sich verändert; denn überall brachen Kriege und Aufstände aus, und in mannigfacher Gestalt zog der Tod plötzlich verheerend durch gar viele Gebiete (»Sublato siquidem illo verso penitus ordine immutata sunt omnia nam bella et seditiones invaluere ubique et diversarum mortium strages subito regna plura pervasit.«).

[57] Nach Kreidler-Kos/Kuster (Bruder Feuer und Schwester Licht 53) verließ Franziskus im Frühling 1206 Assisi und kehrte im Sommer desselben Jahres nach San Damiano zurück.

Freunde, bot er sich, von Hunger und Kälte getrieben, in einem Kloster als Küchenjunge an[59], nach wenigen Tagen aber schickte man den unbekannten Vagabunden wieder fort. Auf dem Weiterweg fielen ihn im Walde, plötzlich aus dem Busche brechend, Strolche an. »Wer da?« – »Der Herold des großen Königs! Aber was geht denn euch das an?« – Sie sahen, dem armen Narren war nichts abzunehmen, packten ihn oben und unten – »Du Lümmel, du Gottesherold, da leg dich!« – und warfen ihn in den nächsten Schluchtgraben, wo hoch noch der Aprilschnee lag. Franz machte sich mühsam heraus und war fröhlich dabei. Dann in Gubbio, beim Freunde, erhielt er die Kleidung des Eremiten, die er sich wünschte, den knielangen Oberrock, den Gürtelriemen, Schuhe und den Stab des Büßers[60]. Seine Wohnung nahm er im Hospital bei den Aussätzigen, wusch und verband sie und küßte selbstvergessend dem und jenem auch eine Schwäre[61]. Er kehrte zurück nach San Damiano, um den Auftrag des Gekreuzigten zu erfüllen. Von welchen Mitteln? Er hatte seine Hände, aber nicht Steine, nicht Kalk, nicht Geld für dieses und anderes. Er ging hinauf in die Stadt, zog als Bänkelsänger die Leute herbei und bettelte nach jedem Liede. »Wer mir einen Stein gibt, wird Lohn im Himmel haben, wer zwei gibt, den doppelten, wer aber drei gibt, den dreifachen Lohn!«[62] Die einen lachten, andere zerdrückten eine Träne

[58] Siehe oben Anm. 12.

[59] In Frage kommen hier entweder Santa Maria di Valfabricca im Chiascio-Tal oder San Verecondo in Vallingegno. Feld, Franziskus 136.

[60] 1 Celano 16; Bonaventura, Legenda maior II,5 f.

[61] 1 Celano 17; Bonaventura, Legenda maior II,6.

über den wunderlichen Lauf der menschlichen Dinge. Er bringt seine Steine zusammen, er trägt die Last selber auf seinen zarten Schultern hinab zur Kirche. Der Priester, dem der letzte Zweifel am Ernste dieses Dienstes Gottes schwindet, sorgt für reichere, kräftige Nahrung. Franz, Steinträger und Maurer zugleich, nichts Besseres als ein paar Helfer, findet abends einen wohlbestellten Tisch. Bald überkommen ihn Skrupel darüber, er nimmt sich selbst ins Gebet: »Wirst du überall, wo du hinkommst, diesen gutherzigen Gottesmann finden? Nein, das ist nicht das Leben des armen Mannes, das du erwählt hast«. Am Tage darauf geht er mit dem Bettelsack in die Stadt und bettelt, wie Öl und Lichter für die Kirche, so auch Essen in seine Schüssel. Von Jugend ans Feine, Leckere gewöhnt, würgt er anfangs den Mischmasch mit Widerwillen hinunter. Aber wie es beim ersten Kusse des Aussätzigen gewesen, überwand er sich, und weil ihn bei allen Angriffen auf seine Natur von Grund aus die geistliche Wirklichkeit bewog, vor allem die Nachfolge des leidenden Herrn, gelang ihm die Umgewöhnung seines fleischlichen Teiles auf die härteste Zucht in erstaunlichem Maße. Ungeschädigt, ja mit erhöhten Kräften vermochte er schließlich aus frohem Herzen zu danken, daß ihm der Herr den ersten Schauder in Wohlempfinden verwandelt habe[63].

Wenn ihm auf diesen Gängen der Vater begegnete, konnte sich der geldstolze, aber ehrenwerte Bürger vor

---

[62] Drei-Gefährten-Legende 21; vgl. Bonaventura, Legenda maior II,7.

[63] Drei-Gefährten-Legende 22 (incl. Zitat).

[64] Feld (Franziskus 106 f.) sieht in den »Verfolgungen und Flüche[n], mit denen Petrus Bernardone seinen äußerlich heruntergekomme-

Scham und Ingrimm nicht enthalten, die Spottgestalt dieses Sohnes, den er so väterlich zart geliebt hatte, mit Flüchen anzureden[64]. Franz nahm es nicht unbetroffen hin, aber seine Erregung fand eine Auskunft, auf die kein anderer so wie er hätte verfallen können. Er dang sich gegen ein wenig Mitessen aus den Almosen einen anderen Bettler an Vaterstelle. »Wenn du siehst, daß mein Vater mich verwünscht, und ich dir sage: Segne mich Vater, – so sollst du mich mit dem Kreuze bezeichnen und segnen an seiner Statt!« So geschah es auch, und Bernardone mußte die Lehre des Sohnes hören: »Glaubst du nicht, daß Gott mir einen Vater geben kann, der statt deiner mich segnet gegen deine Flüche?«[65]

Allem Anschein nach begann ein Umschwung des öffentlichen Urteils über den zähen Ernst des Bettlers. Aber die Familie kam über den Schlag gegen ihr Ansehen nicht hinweg. Auch der jüngere Bruder Angelo ergoß seinen kalten Spott. An einem Wintermorgen, als er mit einem andern an Franz, der in seinem erbärmlichen Aufzug irgendwo ins Gebet versunken stand, vorüberging, sagte er zu seinem Begleiter: »Geh doch hin und frag ihn, ob er dir nicht einen Pfennig von seinem Schweiß verkaufen will!« Franz hörte es und gab auf Französisch hinaus: »Nein, den möchte ich an meinen Herrn verkaufen – teuer verkaufen!«[66]

Die bauliche Erneuerung an San Damiano gedieh zum Ende. Nun sollten dort nach Franzens Wun-

---

nen Sohn überzieht, eher Äußerungen einer verzweifelten und enttäuschten Liebe als irrationaler Wut und Bosheit«.

[65] Drei-Gefährten-Legende 23; 2 Celano 12.

[66] Drei-Gefährten-Legende 23. – Siehe auch Anm. 12.

49

sche immer Lichter brennen. Auf seinem Bettelgang um Öl kam er zu einem Hause, wo es über Spiel und Gasterei fröhlich zuging. Wohl im Gedanken, hier möchten auch Kameraden von ehedem beisammen sein, wandelte ihn plötzlich Scham und Mutlosigkeit an. Er ging vorbei. Ist alles, wie er's jetzt treibt, nicht doch Widersinn? Die vorige Zeit, da er Mensch unter Menschen war, sprach ihm wie ein Vorwurf über die bodenlose Gegenwart, die er sich angerichtet. Es war dies einer der Augenblicke, die von je den Gott verschriebenen Menschen auf dem Wege seines Alleinseins mit dem eigenen Herzen bedrohen. Ist es wirklich Gottes Wille, was aller Welt für Irrgang gilt? Aber »keiner, der die Hand an den Pflug gelegt hat und zurückschaut, taugt für das Reich Gottes«[67]. In sich schlagend fand der Zaudernde einen tieferen Grund, sich zu schämen, als das Betteln. In einer heißen Wallung seines Innern betrat er das Haus, gab vor aller Gesellschaft sich schuldig seiner Schwäche, und im neuen Besitze seiner Freiheit sammelte er in der Runde[68].

Nachdem er noch eine andere Kirche bei Assisi[69] ausgebessert hatte, wandte er seine Liebe auf die alte, den Benediktinern vom Subasio gehörige Feldkapelle zu Unserer lieben Frau von den Engeln [Santa Ma-

---

[67] Dieses Wort aus dem Evangelium (Lk 9,62) zitierte Franziskus in der Bullierten Regel II,13 und in der Nicht bullierten Regel II,10.

[68] Drei-Gefährten-Legende 24.

[69] Es war nach Bonaventura eine weiter als San Damiano von der Stadt entfernte, dem heiligen Petrus geweihte Kirche. Bonaventura, Legenda maior II,7. Laut Kreidler-Kos/Kuster (Bruder Feuer und Schwester Licht 54 f.) ist die Restauration einer dritten Kirche eine spätere Erfindung, um Franziskus zum Gründer dreier Orden zu stilisieren.

ria degli Angeli], die drunten, weiter entfernt, in der Ebene lag. Auch sie war ihm lange schon teuer; hier war er einmal in Tränen über das Leiden Christi gesehen worden, und fortan ist die Stätte *Portiuncula*, wie ihre Eigentümer sie nannten, sein Teilchen Erde[70], der Herd des Lebens, das allmählich in Bewegung kam und weit in Raum und Zeit hinauswuchs. Als er sie aus Verehrung für die Mutter Gottes und die Engel instand gesetzt hatte, erfuhr er hier die entscheidende Klarheit über seine Berufung[71].

Am Morgen des 24. Februar 1208, es war Matthiastag[72], diente er zur Messe, die ein Mönch von Subasio feierte. Mit welcher Innigkeit er dem eucharistischen Geheimnis immer ergeben war, ersieht man aus seinen Schriften. Damals traf das Evangelium aus dem Zehnten des Matthäus:

»Gehet hin und verkündigt: Das Himmelreich ist nahe herbeigekommen. Kranke heilet, Aussätzige machet rein, Tote erwecket, Dämonen treibet aus. Umsonst habt ihr es empfangen, umsonst sollt ihr es geben. Verschafft euch nicht Gold und Silber und Kupfer in eure Gürtel, noch einen Ranzen für den Weg, noch zwei Röcke, noch Sandalen, noch einen Stab. Denn der Arbeiter ist wert seines Unterhalts. Kommt ihr in eine Stadt oder ein Dorf, so erfraget, wer darin

---

[70] Betschart übersetzt Portiuncula anschaulich mit »Portiönchen«. Betschart, Franziskus 33, ebenso in: Kreidler-Kos/Kuster, Bruder Feuer und Schwester Licht 55. In den Büchern der Benediktinerabtei San Benedetto ist die Kapelle mit einer »*Portiuncula*« vermerkt, womit ein kleines Landstück, ein »lausiger Besitz mitten im halbsumpfigen Eichenwald« gemeint ist. Ebd.

[71] Bonaventura, Legenda maior II,8.

[72] Drei-Gefährten-Legende 25 (hier eher in San Damiano); 1 Celano 21 f.; Vgl. Feld, Franziskus 141. – Nach Kreidler-Kos/Kuster (Bruder

euer wert ist: allda bleibet, bis ihr von dannen zieht. Geht ihr in das Haus, so entbietet euern Gruß. Und wenn das Haus es wert ist, soll euer Friede auf dasselbe kommen; wenn es aber nicht wert ist, soll euer Friede auf euch zurückkehren. Und wenn man euch nicht aufnimmt und euer Wort nicht hört, so gehet wieder fort aus dem Hause, aus der Stadt, und schüttelt den Staub von euren Füßen!«[73]

Nun war es heller Tag vor seinen Augen; zum zweitenmal hatte der Herr zu ihm gesprochen. Nach der Messe, als ihm der Priester auf Verlangen die Worte noch näher auslegte, fand er sich überwältigt in der Freude des göttlichen Geistes. »Das ist es, was ich will, was ich suche!«[74] – Was war es, was der Herr ihn hieß? Die vollkommene Armut, die Wanderpredigt[75] vom Reiche Gottes, durch welches alles von Grund sich wenden soll, der Friede Jesu Christi in Stadt und Land.

Ohne Besinnen, der rechte Täter des Wortes, ging er ans Werk. In heiliger Einfalt tat er das nächste Mögliche zuerst, indem er seine Kleidung veränderte. Wir

Feuer und Schwester Licht 55, 352 Anm. 89) war es richtigerweise der 25. Februar, da das Fest in diesem Jahr vom ersten Fastensonntag auf den darauffolgenden Montag verlegt worden war.

[73] Mt 10,7–14; Mk 6,7–12; Lk 10,1–16. – Drei-Gefährten-Legende 25. – Auch Petrus Waldes und seine Anhänger hatten sich von diesem Text ergreifen lassen. Weitlauff, Franziskus 160.

[74] Drei-Gefährten-Legende 25.

[75] Der apostolischen Armut und missionarischen Tätigkeit verschrieben sich auch andere Gruppen der damaligen Armutsbewegung, häretische und nichthäretische. Wenn sich auch Franziskus hierzu entschloss, lag es durchaus im Zug der Zeit, nicht nur an seiner Originalität. Insofern muss man Franziskus im Rahmen der damaligen religiösen Armutsbewegung sehen; er hatte diesbezüglich viele »Vorbilder«.

*Tafel 3*
*Franziskus sagt sich von seinem Vater los.*
*Assisi, Basilika San Francesco, Oberkirche, Bildzyklus von Giotto*
*di Bondone, nach 1296.*

Nachbetrachtenden aus gewandelter Zeit sollten diese Handlung nicht weniger wichtig nehmen als er selbst. Hierin zeigt er nicht nur sein südlich kindliches Augenmerk für das Gewicht der Nebensachen, nicht nur seine besondere Anlage, seelische Zustände und Gehalte sinnfällig zu machen, sondern eine Grundweise mittelalterlicher Menschen, die Dinge und Sachen der Sichtbarkeit als Zeichen zu gebrauchen – ein poetisches Verhältnis zur sinnlichen Welt, das zu kennen für die rechte Fühlung mit dem Sein und Wirken unseres Heiligen, wie sich noch zeigen wird, unerläßlich ist. Sogleich also tat er in buchstäblicher Erfüllung der Aussendungsrede seines Herrn die Schuhe ab, den Stock und die Tasche, begnügte sich mit einem einzigen Rock, den er statt des Riemens mit einem Stricke gürtete, und schwor allem Gelde ab[76]. So, ausdrücklich mit der apostolischen Armut ganz vermählt, ging er an die apostolische Arbeit[77].

## 6

Ein Blick auf die Lage dieses staufischen Hochmittelalters läßt den Mut eines »Toren vor der Welt« ermessen, der mit seiner Zeit ins Gericht ging, ins Gericht des buchstäblichen Evangeliums. Bei seiner bescheidenen Bildung und wohl auch geringem Interesse für den politischen Weltlauf nahm er sein Werk ohne viel Rechnung in Angriff. Er war ausgesandt wie der junge David gegen Goliath[78]. Aus dem Herzen empfing er

---

[76] Siehe dazu auch: Weitlauff, Franziskus 160 f.
[77] Drei-Gefährten-Legende 25; 1 Celano 22.
[78] Siehe 1 Sam 17.

den Bescheid eines Höheren, was zu tun sei, und die Macht dieses Antriebes ersetzte alle Planung ins Kleine, alles Wägen der günstigen oder hindernden Umstände. Versehen mit jenem Auge, das nach dem Wort der Schrift den ganzen Leib erhellt[79], empfand er aus all den Übelständen in seinem engen Kreise Mißverhalte gegen den offenbaren Willen des Herrn genug, um aus seiner kleinen Welt auf das Arge zu schließen, in dem die große lag. Auch das bittere Nachgefühl seines früheren Lebensgenusses belehrte ihn, seitdem das Kreuz ihm zum Richtmaß des Daseins geworden war, was der Mensch von sich her ist, und was er werden müsse, um seinem Schöpfer und Erlöser zu genügen. *Ploremus coram Domino qui fecit nos*[80] – vor dem Herrn, der uns gemacht hat, gehört sich die Träne der Erkenntnis, wer wir sind, und was wir schuldig bleiben. Nachdem er Büßer geworden, die alles erneuernde, heilende Kraft der Buße mit Jubel als das wahre Leben entdeckt hatte, rief und lud er alle Welt zu dem Reiche, das gleich ist einem Hochzeitsmahl. Wer wird kommen. Nur die von den Hecken und Zäunen?[81]

Bei aller Zerrissenheit der Verhältnisse in Reich und Staat und Gesellschaft war jener Zeit der Name Chri-

---

[79] Mt 6,22.    [80] »Lasst uns weinen vor dem Herrn, der uns geschaffen.« Psalm *Ploremus ante Dominum, qui fecit nos*. Ps 94,6 (nach der Vulgata, ohne Grundlage im hebräischen Text); Ps 95,6.

[81] Vgl. Lk 14,15–24.

[82] So Papst Innozenz III. in seiner Eröffnungspredigt beim Vierten Laterankonzil (1215): »*Nam omnis in populo corruptela principaliter procedit a clero: quia ›si sacerdos, qui est unctus, peccaverit, facit delinquere populum‹.* – Denn jedes Verderben im Volk geht hauptsächlich vom Klerus aus, denn, ›wenn ein Priester, der gesalbt ist, gesündigt hat, macht er sich am Volk schuldig‹.« Das Zitat aus Lev 4,3 lautet in der Vulgata: »*si sacerdos, qui est unctus, peccaverit*

stenheit noch gemäß, weil die Zuordnung der Welt und des Menschen auf ihren Erlöser Christus als das einheitliche Lebensgesetz galt. Die Kämpfe zwischen geistlicher und weltlicher Gewalt erwuchsen nicht aus einem Gegensatz von Ja und Nein zum Reiche Gottes als dem Sinne des geschichtlichen Handelns. Es steht auf einem andern Blatt, ob die sittliche Wirklichkeit der Forderung jenes Reiches entsprach, die in seinem Grundbuch, dem Evangelium, aufgestellt war. Man weiß, wie tief die schlimmste Weltlichkeit sich auch in der Kirche eingefressen hatte. Derselbe Papst Innozenz III. [1198–1216], dem Franz noch sein großes Anliegen vortragen wird, tat den Ausspruch, alles Übel komme vom Klerus[82].

Aber schon regte sich auch im geistlichen Quellgebiet, im Denken und Glauben, mancherlei Gegensatz zum Wahrheitsgut der Kirche Christi. Gefährlicher noch als das Gewirr von Häresien war die Skepsis, die aller Religion die kalte Schulter zeigte. Bald leichte, bald schwere Schatten des Unglaubens geistern durch das Schrifttum des frühen 13. Jahrhunderts, wofür auch Minnesang und Epos der Franzosen und Deutschen genug Beweise liefern. Nimmt man diese Züge

delinquere faciens populum offeret pro peccato suo vitulum inmaculatum Domino. – Wenn ein Priester, der gesalbt ist, gesündigt hat, wird er, der macht, dass das Volk eine Schuld auf sich lädt, für seine Sünde einen fehlerlosen Jungstier dem Herrn opfern«. Innozenz III., Sermo VI. In Concilio Generali Lateranensi habitus (27), in: Patrologia Latina 217/4 (1855) 673–680, hier 678; siehe auch: Bernhart, Vatikan 306 mit Anm. 1300.
Zu Innozenz III., der sein Theologiestudium in Paris, das Studium des Kirchenrechts in Bologna absolviert hatte, und 1190 von seinem Onkel Klemens III. (1187–1191) 1190 zum Kardinaldiakon erhoben worden war, siehe: Kempf, Innozenz III.; Georg Schwaiger, Innozenz III., in: TRE 16 (1987) 175–182; Frenz, Papst Innozenz III.; Bernhart, Vatikan 285–310; Schneider, Innozenz der Dritte.

einer Erschütterung der alten christlichen Festigkeit zusammen mit den sozialen Schäden der Zeit unseres Heiligen, mit der offenen Dämonie des Geldes an Stapelplätzen, in den Burgen, an der römischen Kurie, mit dem frivolen Aufwand im höheren Klerus, der Pflichtvergessenheit im niederen, so begreift man die Furcht jener Zeitgenossen, die schon den Antichrist kommen sahen[83].

In der göttlichen Führung der Menschheitsgeschichte wird dem Bösen je und je eine kleine Schar von Erwählten zur Heiligung und Rettung entgegengesandt. Als Propheten, Apostel oder Heilige reden sie im Namen Gottes für ihre Zeit, indem sie gegen sie reden. Ihr Beruf ist der schwerste, der Menschen auferlegt werden kann, weil die Welt, die sie für den Herrn erobern sollen, nichts weniger will als den Dienst unter seiner Herrschaft. Je getreuer dem äußeren und inneren Wort ihres Aussenders sie verfahren, um so mehr stiften sie Unruhe und Verwirrung. Denn sie wirken für das verheißene »unerschütterliche Reich«, das die unbeständige geschöpfliche Welt erschüttert zur Umgestaltung in die unerschütterliche von ewigem Bestand[84]. Wie töricht also, die Boten des Reiches Christi »aus ihrer Zeit zu erklären«, die Heiligen der Kirche mit anderen auffälligen Größen der Geschichte in

<hr>

[83] Siehe dazu auch eine Bemerkung Joseph Bernharts in seiner Papstgeschichte: »Die Prophezeiungen des kalabresischen Abtes Joachim von Fiore (gest. 1202), an der vom Antichrist regierten Kirche werde sich ein großes Strafgericht vollziehen, es komme das Zeitalter des Ewigen Evangeliums, d. h. das tiefere geistige Verständnis der Bibel, mit ihm, von einem künftigen neuen Orden gepredigt, die Geisteskirche an Stelle der Fleischeskirche, zur selben Zeit auch die Buß- und Armutpredigt des Lyonnaiser Kaufmanns Petrus Waldes und seine französische und lombardische Gefolg-

dieselbe Reihe zu stellen! *Deus mirabilis in sanctis suis*[85]. Wenn aber Gott in ihnen sich wunderbar zeigt, ragen sie auch selber in das Unbegreifliche und entziehen sich unserer bloß natürlichen Erklärung. So wie die Kirche Alten und Neuen Bundes seit dem Fall des Menschen als das fortwirksame Heilswerk eine eigene Geschichte in der Geschichte hat, so auch der Heilige – im auszeichnenden Wortsinn der neutestamentlichen Kirche als besonderes Werkzeug der Überführung der Welt von der Herrlichkeit Christi. Dank seiner persönlichen Heiligung im Zusammenwirken von Wille und Gnade beginnt er schon in der Zeitlichkeit durch sein Leben und Wirken den Weltanspruch Christi zu vertreten und je nach seinen ihm eigentümlichen Kräften und Gaben zu verwirklichen. An der Forderung des Evangeliums, vollkommen zu werden[86], diese oder jene Seite ergreifend, vielmehr von ihr ergriffen, wirkt er, ob öffentlich oder nicht, ob ihm bewußt oder nicht, in dem Sinne und der Kraft des Heiligen Geistes, der bei der Kirche ist »bis ans Ende der Welt«, um von Christus »Zeugnis« zu geben und sie einzuführen »in alle Wahrheit«[87]. Der Heilige vor allen ist der Träger der göttlichen Selbstbezeugung in der Geschichte der Kirche, und sofern er – nach dem Worte des Herrn – die Wahrheit tut[88],

schaft waren die Signale einer anfangs stillen, friedlichen Revolution der Geister.« Bernhart, Vatikan 305 (vgl. auch ebd. die entsprechenden Kommentierungen in den Anmerkungen).

[84] Hebr 12,27 f.

[85] Wunderbar ist Gott in seinen Heiligen. Ps 67,36 (Text nach der Vulgata; 68,36).

[86] Mt 5,48.

[87] Mt 28,20; Joh 16,13.

trägt er für sich und andere bei, sie immer tiefer zu erschließen.

Mithin läßt sich die Geschichte eines Heiligen als solchen nicht ohne den Zusammenhang mit der Heiligen Geschichte als solcher betrachten. Das schließt nicht aus, vielmehr erfordert die genaue Ermittlung, als welcher Charakter, mit welcher Zeitprägung, unter welchen geschichtlichen Umständen ein Mensch den Weg des Heiligen zum *regnare cum Christo* [mit Christus herrschen] gegangen ist. Denn nach dem Wort der Schrift ist jeglicher »bei seinem Namen« gerufen[89], »Stern unterscheidet sich von Stern«, und »für alles ist eine Zeit die rechte«, »des Weisen Herz aber weiß Zeit und Antwort«[90].

## 7

Der alles hingegeben, um sich den Acker mit dem verborgenen Schatz des Himmelreiches zu erwerben[91], wußte sich geheißen, ihn auch für andere zu heben. Er nahm, sagen die Lebensbeschreiber, die Sendung auf sich, Frieden und Bekehrung zu verkünden[92]. Bald fanden sich einige, und viele werden folgen, zu

---

[88] Joh 3,21.        [89] Jes 40,26.

[90] Vgl. 1 Kor 15,41; Koh 3,1–8; Spr 16,21–23. – Siehe auch: Bernhart, Das Stehen des Heiligen in der Geschichte.

[91] Mt 13,44. – Siehe dazu auch: Bernhart, Da rief er ein Kind 12–18.

[92] Zu Franziskus' Friedens- und Bußpredigt siehe: Drei-Gefährten-Legende 25 f. – Papst Innozenz III. hatte Franziskus und seinen Mitbrüdern, als er ihnen im Jahre 1209 die Urregel bestätigte, auch die formelle Erlaubnis zur Bußpredigt erteilt (Bonaventura, Legenda minor, Tag II, 4. Lesung). Keine Ermächtigung hatten sie aber für

denen er wie Paulus sprechen konnte: Ihr seid unsere und des Herrn Nachahmer geworden, indem ihr das Wort in schwerer Drangsal aufnahmt mit der Freude des Heiligen Geistes[93].

Seine tiefste Wirkung ging von seinem Beispiel aus. »Denn das Reich Gottes besteht nicht im Worte, sondern in der Kraft«[94]. So oft er von Portiuncula nach Assisi hinaufgestiegen war, sprach er, wo immer auf den Gassen, in den Häusern oder auf freiem Felde sich Zuhörer fanden, seine schlichten, kurzen Aufrufe zur Umkehr des weltgefangenen Sinnes, zur Selbstentäußerung, besonders aber zum Frieden, dem Gute, das er überall aus den Herzen der Gemeinschaft der Menschen gewichen sah[95].

Was er unter dem Gelächter seiner Umwelt geworden war, ein Tor des Kreuzes[96], machte nun die Kraft seiner Rede aus und ließ an dem Rufer zur Buße den Ernst des Reiches Gottes erkennen. Innerhalb weniger Tage des April 1209[97] erweckte er sich die ersten Genossen, vielmehr, mit seinem Wort zu sprechen, gab der Herr sie ihm zu Brüdern[98].

Da war es vor allem der junge Kaufmann Bernhard von Quintavalle [1175–1242/45][99], der von ferne der

die Glaubenspredigt (dogmatische Predigt). Kreidler-Kos/Kuster, Bruder Feuer und Schwester Licht 66–69.

[93] 1 Thess 1,6; vgl. Drei-Gefährten-Legende 32.

[94] 1 Kor 4,20, zitiert in: Bonaventura, Legenda minor, Tag II, 5. Lesung.

[95] Siehe dazu auch: Kreidler-Kos/Kuster, Bruder Feuer und Schwester Licht 56 f.

[96] Vgl. 1 Kor 1,18.

[97] Feld (Franziskus 145, Anm. 21) geht vom Jahr 1208 aus, ebenso Kreidler-Kos/Kuster (Bruder Feuer und Schwester Licht 272, 295).

[98] Testament 14.

seltsamen Wandlung des ihm bekannten Altersgenossen zugesehen hatte. Heimlich ging er nach Portiuncula, um ihn zu einem Nachtbesuch zu bitten, und heimlich war das Nikodemusgespräch[100] der beiden in Assisi. – Was solle er, fragte Bernhard, mit seinem Vermögen anfangen, das er nicht mehr behalten wolle? – Dem Herrn zurückgeben, von dem er's empfangen habe. – In welcher Weise aber dies am besten geschähe? – Franz bedünkte, man müsse in dieser schweren Sache den Herrn selbst befragen. Das geschah am Morgen, im Beisein eines andern, des Rechtsgelehrten Petrus Catani[101], den ein gleiches Verlangen wie Bernhard zog, in der nahen Nikolauskirche[102]. Sie wollten aus dem Evangelienbuch erfragen, wie der Herr seine Jünger in dem Worte der Absage an die Welt belehrt habe. Da sie es in ihrer Einfalt nicht zu finden wußten, beteten sie zum Herrn, er möge ihnen, wenn

---

[99] Siehe auch den »Segen für Bruder Bernhard«, in: Franziskanische Quellenschriften 1 228, der von Leonhard Lehmann als apokryph eingestuft und deshalb nicht in die Franziskus-Quellen aufgenommen wird (siehe dazu ebd. 139 mit Anm. 4; 144, Anm. 1). Zu Bernhard siehe: Fioretti 2 und Drei-Gefährten-Legende 1 (5). Demnach war er der »erste Bruder«, den ihm der Herr gegeben hatte. Nach 1 Celano 24,1 war er der zweite. Über den ersten, der namenlos bleibt, heißt es, dass er fromm und einfältig war. – Bernhard war ein reicher, angesehener Bürger Assisis, der vielleicht auch ein ausgebildeter Jurist war. Feld, Franziskus 143–145; Kreidler-Kos/Kuster, Bruder Feuer und Schwester Licht 295. – Zu den ersten Gefährten siehe Anm. 120.

[100] Vgl. Joh 3,1–13. Auch der Pharisäer namens Nikodemus suchte Jesus bei Nacht auf.

[101] Petrus Catanius (Petrus Cathani, Petrus Catanii, Pietro Cattani, Pietro di Cattanio) entstammte einer vornehmen, vermutlich adeligen Familie und war ein hochgebildeter Jurist (Doktor beider Rechte). Vielleicht war er als solcher beratend für das Domkapitel von San Rufino tätig. Bernhard von Quintavalle war der *Chronica XXIV Generalium Ordinis Minorum* nach als Berater für die Stadt-

sie das Buch öffnen, seinen Willen kundmachen. Danach ergriff es Franz und schlug es, am Altare knieend, auf. Er traf auf das Wort: Wenn du vollkommen sein willst, geh hin und verkaufe alles, was du hast, und gib es den Armen …[103]. Er tat es ein zweitesmal und las: Nehmet nichts auf den Weg …[104]. Und zum drittenmal: Wer mir nachfolgen will, verleugne sich selbst, nehme sein Kreuz auf sich und folge mir![105]

Brüder, sagte Franz, das ist unser Leben und unsere Regel[106]. Sogleich verkauften und verteilten die neuen Genossen, kleideten sich wie Franz und begannen ihr Zusammenleben in Portiuncula, wo neben der Kapelle auch eine kleine Hütte erstand[107]. Nicht lange, und es kamen noch andere. Ein alter Priester von Assisi, Silvester, hatte am Tage der Geldausstreuung unter die Armen, als Franz im stillen frohen Gotteslob neben Bernhard stand, mißgünstig zugesehen. Er mach-

regierung tätig. Sollten beide Überlieferungen zutreffen, könnten sie sich vielleicht bereits vorher geschäftlich gekannt haben. Allerdings war nach neueren Erkenntnissen Petrus Catanius nicht derjenige Petrus, der zusammen mit Bernhard zu Franziskus kam. Kreidler-Kos/Kuster, Bruder Feuer und Schwester Licht 128, 298, 361; Feld, Franziskus 145, 150–153 mit Anm. 47; Vauchez, Franziskus 70; Kuster, Franziskus und seine ersten Gefährten 42 f.

[102] Am 16. April 1208. Feld, Franziskus 145; Kreidler-Kos/Kuster, Bruder Feuer und Schwester Licht 298.

[103] Mt 19,21.

[104] Lk 9,3.

[105] Mt 16,24. – Zum Ganzen siehe: Drei-Gefährten-Legende 28 f.; auch 1 Celano 24; 2 Celano 15; Fioretti 2.

[106] Drei-Gefährten-Legende 29.

[107] »In der Tat war das die *conditio sine qua non* für die Aufnahme …: gänzlicher Verzicht auf Besitz, der sofort an die Armen verschenkt werden musste, darin Kundgabe des völligen Bruches mit der bisherigen Lebensweise und Angleichung an jene Lebensweise, die Franz für sich gewählt hatte.« Weitlauff, Franziskus 161.

te Franz den Vorwurf, er habe ihm die Steine für San Damiano zu schlecht bezahlt. Franz griff ein paarmal in Bernhards Tasche und gab, als gäbe er Sand und Kies. – »Habt ihr jetzt genug, Herr Priester?« – »Vollauf, mein Bruder!« Er ging getrost nach Hause, aber der Handel begann ihn doch zu brennen, so daß auch er ein Jünger wurde[108].

Zuvor noch hatte der junge Ägidius sich angeschlossen[109], bewogen von der vielbesprochenen Weltflucht des Bernhard und Petrus. Er suchte Franz in Portiuncula auf, er traf ihn, als er, von einsamem Gebet kommend, aus dem Walde hervortrat, und trug ihm auf den Knien sein Anliegen vor. Franz lobte den Entschluß des neuen Ritters Christi, ging mit ihm in die Kapelle, dann zu den anderen Brüdern und stellte ihn vor: »Der Herr hat uns einen neuen guten Bruder gesandt. Lasset uns frohlocken und in Liebe miteinander essen!«[110] Nach dem Mahle ging er mit Ägidius, um das Zeug für den neuen Anzug zu beschaffen, nach Assisi hinauf. Eine arme Frau sprach sie um Almosen

---

[108] Drei-Gefährten-Legende 30 f.; 2 Celano 109. – Silvester trat erst später dem Orden bei. Er zählt nicht zu den ersten elf Gefährten, die im Unterschied zu Silvester alle Laien waren. Feld, Franziskus 165 mit Anm. 106.

[109] Aufgenommen am 23. April 1208, † in der Nacht vom 22./23. April 1262 (?). – Zu seiner Person siehe: Leben des Bruders Ägidius, Jüngers des heiligen Franziskus, in: Fioretti – Die Blümlein des hl. Franziskus von Assisi 237–259. – Ägidius gehörte nicht der städtischen Oberschicht an, sondern war ein Handwerker, der unermüdlich arbeitete. Zugleich war er ein großer Mystiker. Feld, Franziskus 153–156; Kreidler-Kos/Kuster, Bruder Feuer und Schwester Licht 295 (Tod 1272). – Nach Leonhard Lehmann (Franziskus-Quellen 630, Anm. 18) wurde er am 23. April 1209 aufgenommen und starb am 23. April 1262.

[110] Bruder Leo, Leben des Bruders Ägidius von Assisi 1, in: Franziskanische Quellenschriften 3 33 f.

an. Franz überlegte, und wie Verklärung ging es über sein Gesicht. »Laß uns um der Liebe Gottes willen ihr deinen Mantel geben!«[111] Ägidius zog ihn aus und gab ihn mit einer Freude, die er nie mehr vergessen konnte. Allzeit blieb er seinem Meister nahe[112], und wieviel er, der schlagfertige, wohl auch mit dunklen Seelengründen kämpfende und wieder in die lichteste Beschauung erhobene Bruder durch Jahrzehnte zum Werk des Heiligen beigetragen hat, ist uns in reichlichen Zeugnissen überliefert[113].

Der junge Bund der sechs Männer begann auf die Wanderpredigt auszuziehen[114]. Sie bestand in schlich-

[111] Bruder Leo, Leben des Bruders Ägidius von Assisi 2, in: Franziskanische Quellenschriften 3 34 f. Franziskus selbst hatte »um der Liebe Gottes willen« mehrmals seinen Mantel verschenkt (2 Celano 86–89).

[112] »Viele der Eigentümlichkeiten des lebenslang vornehm und ›höfisch‹ gebliebenen Franziskus erscheinen bei ihm gleichsam ins Gröbere gezogen.« Feld, Franziskus 155.

[113] Franziskanische Quellenschriften 3.

[114] Bernhart bezieht sich hier wohl auf die Drei-Gefährten-Legende 36 f., wo es heißt: »Als nun der heilige Franziskus schon voll der Gnade des Heiligen Geistes war, rief er seine genannten sechs Brüder [Bernhard, Petrus, Ägidius, sowie Sabbatinus, Moricus Parvus und Johannes de Cappella] zu sich und sprach zu ihnen über ihre Zukunft. ... Und als er dies gesagt und sie gesegnet hatte, gingen die Männer Gottes fort und beobachteten treu ergeben seine Ermahnungen.« Bereits vorher gab es laut der Drei-Gefährten-Legende (33) einen Aufbruch, bei dem die (erst) vier Männer jeweils zu zweit gingen: Bernhard und Peter, sowie Franziskus und Ägidius, die in die Marken aufbrachen. – 1 Celano 29 f. kennt nur einen Aufbruch: Als die Gemeinschaft acht Mitglieder zählte, brachen sie jeweils zu zweit in die vier Himmelsrichtungen auf (vgl. Mt 28, Lk 10), Bernhard und Ägidius Richtung Santiago de Compostela. Leppin hält dies allerdings für eine Konstruktion durch Celano. Leppin, Franziskus 114 f., 319 mit Anm. 108–111. Siehe zu dieser Thematik auch: Feld, Franziskus 156; Vauchez, Franziskus 65, 70; Kreidler-Kos/Kuster, Bruder Feuer und Schwester Licht 60–64. – Siehe zu den ersten Gefährten auch: Grau, Die ersten Brüder; Kuster, Franziskus und seine ersten Gefährten.

ten, kurzen Mahnungen an die Hauptsätze des Evangeliums[115]. In den Berichten über diese lerchenfrohe Morgenzeit ist auch das Mühselige des Anfangs nicht zu überhören. Der Erfolg gleicht sehr einem Mißerfolg. Die barfüßigen Bettlergestalten erregten Spott oder Unwillen, Mädchen und Frauen suchten vor ihnen das Weite, und der Bußruf zur Umkehr und Armut im Geiste fand wenig Ohren, geschweige Herzen. Selten, daß einer sich sagte: sind es nicht Narren oder Trunkene, so sind es vollkommene Nachfolger des Herrn[116]. Um so wunderbarer ist die Festigkeit, mit der sie ihre Lebensform bewahrten. Das Verderben, das sie auf ihren Fahrten vor Augen hatten, Mammonismus und Elend, Machtgier und Zerstörung, mochte sie doppelt für das Wort vom Reiche Gottes entflammen, aber als Prediger in der Wüste[117] mit den höchsten Opfern für dieses Reich sich einzusetzen, dafür bedurfte es einer höheren Ergriffenheit. Ihr Ausharren wäre nicht verständlich ohne ihren Glauben, ihr

[115] Die Drei-Gefährten-Legende betont (33), dass Franziskus nicht im kirchenrechtlichen Sinne predigte.

[116] Drei-Gefährten-Legende 34; vgl. Anonymus Perusinus 16.

[117] Bonaventura schreibt in dem Vorwort seiner Großen Franziskuslegende: »Denn Gott hat ihn nach dem Vorbild und in Nachahmung des Vorläufers Johannes dazu bestimmt, durch Beispiel und Wort Buße zu predigen und so der allerhöchsten Armut in der Wüste den Weg zu bereiten. Zuerst mit himmlischen Gnadengaben bedacht, dann mit den Verdiensten unübertrefflicher Tugend gekrönt, ja mit Prophetengeist erfüllt, zu Engeldienst erwählt, ganz von seraphischer Glut entflammt und als hierarchischer Mann auf feurigem Wagen emporgetragen, wurde er, wie der Lauf seines Lebens deutlich bezeugt, mit Recht als ein Mann erfunden, der da erschienen ist im Geist und in der Kraft des Elias.« Bonaventura, Legenda maior Vorwort 1. – Wenn von der »Wüste« die Rede ist, so meint man in der damaligen franziskanischen Literatur die mit Lastern behaftete irdische Welt.

Glaube nicht ohne ihr Gebet. Sie erfuhren nach dem immergültigen Gesetz der Gnade den heiligen Zirkel, daß das Leben in der Hingabe gewonnen wird, das gewonnene aber die echte Armut im Geiste noch tiefer und reicher macht. Kamen Rückschläge des Herzens, Stunden der Ermattung, so ging über alle die Kraft der Zuversicht aus, in der sich Franz seiner Erwählung bewußt war. Dann konnte er sagen: »Habt Mut, meine Lieben, und freut euch im Herrn! Werdet nicht traurig, weil euer nur wenige sind, und laßt euch nicht ängstigen durch meine und eure Einfalt. Denn wie mir der Herr in Wahrheit geoffenbart hat, wird uns Gott zu einer gewaltigen Menge vermehren«[118].

Nach seinem ersten apostolischen Auszug in die Mark Ancona[119], auf dem Ägidius ihn begleitet hatte, baten abermals drei angesehene Männer aus Assisi um die Aufnahme in die Genossenschaft; auch sie hatten ihren Besitz an die Armen verteilt[120]. Abermals gab es empörte Familien, enttäuschte Erben, Eltern

Vergleiche 1 Celano 89; 2 Celano 17; Bonaventura, Legenda maior VII,9.

[118] Drei-Gefährten-Legende 36; vgl. 1 Celano 27, 36, 37.

[119] Dabei handelte es sich nicht um die erste Missionsreise. Franziskus hielt keine Predigten, sondern ermahnte die Menschen »zur Liebe und Furcht Gottes und zur Buße«. Feld, Franziskus 156. – Siehe auch Anm. 114.

[120] Sabbatinus, Moricus Parvus und Johannes de Cappella. Drei-Gefährten-Legende 35 (nach dieser Darstellung waren es damit sechs Brüder und Franziskus). Siehe auch Anm. 114. – Für die erste Zeit etwas anders: 1 Celano 24 f. (Franziskus-Quellen 214 mit Anm. 39–44 [Johannes-Baptist Freyer]): namenloser Bruder, Bernhard, namenloser Bruder (= nach Freyer: Petrus Catanius), Ägidius, namenloser Bruder, Philippus Longus. Kuster (Franziskus und seine ersten Gefährten 34 f., 40–43) zeigt sehr deutlich auf, dass derjenige, der sich mit Bernhard Franziskus anschloss zwar ein Petrus war, aber nicht Petrus Catanius. – Mit Angelo Tancredi stieß ein Adeliger zu

voll Besorgnis, daß auch ihre Söhne der seelischen Ansteckung des Beispiels erliegen möchten. Freunde der bürgerlichen Ordnung verwarfen den Widersinn, sein Eigentum wegzugeben und auf Kosten anderer zu leben. Vollends gar auch im Welt- und Ordensklerus der Unwille über den Neuerer, der nicht nur den persönlichen Besitz, selbst den gemeinsamen der alten Orden als dem Evangelium widersprechend verdächtig machte.

Der Unmut in weltlicher und geistlicher Gesellschaft hatte Recht und Gründe genug für sich. Das Eigentum stand von je auch unter dem Schutze des Evangeliums, und ohne Gemeinbesitz war auch der unermeßliche Segen, der aus Mönchtum und religiösen Genossenschaften nach den Regeln Augustins oder Benedikts[121] hervorgegangen war, nicht zu denken. Nun aber bäumte sich der gesunde Menschenverstand auf, der Familiensinn, die wirtschaftliche Ordnung, und der Kirche selbst lag nichts näher als das Bedenken, den häretisch und sektiererisch verlaufenen Armutsbewegungen werde eine neue von gleicher Gefährlichkeit folgen.

## 8

Es kam, wie natürlich, zur Auseinandersetzung zwischen Franz und dem nächstbefugten Träger der Auto-

Gefährten dazu. Kreidler-Kos/Kuster, Bruder Feuer und Schwester Licht 65 f., 296 (als elfter Gefährte). – Kuster (Franziskus und seine ersten Gefährten 34–39) nennt für den frühesten Kreis folgende Brüder: Bernardus Quintavallis, Petrus (nicht Catanius), Ägidius, Sabbatinus, Moricus Parvus, Johannes de Cappella, Philippus Longus, Johannes de Sancto Constantio, Barbarus, Bernardus Vigilantis, Angelus Tancredi.

rität, dem Bischof von Assisi. Ihm waren alle Sorgen, Vorwürfe und Ausbrüche privater und öffentlicher Art längst bekannt, und in aller Wohlgesinnung hielt er, was an ihnen berechtigt war, seinem Schützling vor. – »Hart und rauh dünkt mich die Art eures Lebens, nichts in der Welt zu besitzen«[122]. – Aber Franz war nicht mehr der Enthusiast für eine halbe Stunde. Sein Angriff auf die Welt, auch die Welt in der Kirche, kam aus einem Befehl von oben, den er nicht wie eigene Gedanken und Einfälle zurückweisen, verändern, verwerfen konnte. Seine Liebesnatur, ergriffen von Gottes Menschenliebe, geheißen zur ebenbildlichen Antwort aus dem freien Adel der Seele, empfand dieses Verhältnis von Grund auf unmöglich geworden, wo die verschränkten Übel von Macht und Geld, Geld und Macht den Menschen besaßen. – »Signore«, sagte er, »sobald wir Eigentum hätten, brauchten wir auch Waffen, um es zu schützen. Das führt zu den erbärmlichen Händeln und Prozessen unserer Zeit, in denen die Liebe zu Gott und den Menschen soviel Schaden leidet. Darum wollen wir in dieser Welt durchaus kein zeitliches Gut besitzen«. – Vielleicht hat seine Antwort noch deutlicher auf die Besitzhändel in der geistlichen Welt angespielt. Der Bischof, eben selbst in solche verwickelt, vermochte ihm, wie es scheint, nichts Entscheidendes zu erwidern und ließ ihm freie Hand[123].

[121] Die wichtigsten Ordensregeln (Basilius, Augustinus, Benedikt, Franziskus, Ignatius von Loyola) sind am bequemsten greifbar in: Balthasar, Die großen Ordensregeln.

[122] Drei-Gefährten-Legende 35.

[123] Felder, Die Ideale des hl. Franziskus 97. – Helmut Feld, der von einem Bischof Guido ausgeht, charakterisiert das Verhältnis

Es sollte sich bald noch gründlicher zeigen, wie Franz von Besitz und Armut, Arbeit und Bettel, dachte. Er läßt sich, solange er der eigene Herr seines Werkes bleibt, in diesen Dingen auf keinen Handel, keine Anpassung seiner Lebensform an die Vernunft der Praxis oder die Übung etwelcher geistlicher Körperschaften ein. Er sagt nicht, es müßten alle handeln wie er, eifert nicht gegen Besitz und Eigentum, so wenig, daß er gelegentlich die Brüder warnen kann, auf die fröhlichen Kinder des Überflusses zu schmähen: denn Gott, der auch über sie Herr ist, könne sie berufen, wann er will, und sie gerecht und heilig machen. Aber niemand soll ihn, niemand kann ihn zwingen, Eigentum zu haben. Für diese Freiheit eines Christenmenschen[124] kämpft er unerbitterlich, weil ihm die Armut selber die letzte, höchste Freiheit ist, die evangelische Freiheit, Gott dem Schöpfer und Erlöser in der reinen, von keinen Gütern zweiten und noch tieferen Ranges besessenen Liebe zur Verfügung zu stehen. Diese Armut um der Freiheit willen war noch mehr als nur der Verzicht auf sein Eigentum. Sie war das volle, unbedingte Zutrauen in die göttliche Führung der Welt und des Menschen.

Franziskus' zum Bischof von Assisi folgendermaßen: »Man hat das Gefühl, daß sich der kirchliche Großherr dem Franziskus gegenüber (durchaus mit einer gewissen Sympathie!) beobachtend verhält, ohne ihm wirklich zu helfen oder für sein innerstes Anliegen Verständnis aufzubringen. ... Andererseits gelangt die junge Gemeinschaft nur über ihn vor den Papst, und den todkranken Franziskus nimmt er zur Pflege in seinem Palast auf.« Feld, Franziskus 158 f. – Folgt man Kreidler-Kos/Kuster (siehe Anm. 52), dann bezieht sich die letzte Handlung allerdings auf Bischof Guido II.

[124] So der Titel einer der drei programmatischen Flugschriften Martin Luthers aus dem Jahre 1520.

Eben deshalb verzichtete sie, als sie die geschichtliche Wirklichkeit in Angriff nahm, auf die stofflichen Mittel zum Erfolg und begnügte sich mit ihrer Selbstverkündigung durch das lebendige Beispiel und das Wort der Predigt. Wo sich als Hindernis Bosheit oder Gewalt entgegenstellen, galt allein das evangelische Gesetz, man solle dem angetanen Bösen nicht widerstehen[125].

Franz wird seine Lebensform bis an die Grenze treiben, wo die Versuchung Gottes beginnt. Der unbedingte Verlaß auf den unbedingten Gott enthebt ihn aller Nutzung, beinahe alles Rechnens mit der Brücke, die auf den Pfeilern von Natur und Kultur zwischen Gott und Welt vermitteln. Er ignoriert diese Güter für sich und sein Werk, aber er greift sie nicht an, ja er steht zu ihnen, obzwar in weitem Abstand, doch mit stummem Respekt. Seine Liebe ist nur eines Hasses fähig: das Geld mit seiner Macht ist ihm der Teufel. Aber es hieße Franz von Grund auf verkennen, wollte man sagen, der Prophet der Armut sei nur von diesem Haß bewogen. Er sieht so wenig als sein göttlicher Herr in der Absage an den Mammon[126] auch schon das Gebot jener Liebe »aus allen Kräften«[127] erfüllt. Nur dieses, der Inbegriff des Reiches Gottes auf Erden – dieses allein erregt ihn, bewegt ihn, treibt sei-

---

[125] Mt 5,39.

[126] Im ersten Brief an die heilige Agnes von Prag (abgedruckt in: Franziskanische Quellenschriften 2 192–201; Klara-Quellen 20–24, hier 23 [Leonhard Lehmann]) schreibt Klara, die treue Schülerin des heiligen Franziskus, in Anlehnung an dieses Wort der Heiligen Schrift aus Mt 6,24: »Man kann nicht Gott und dem Mammon dienen, denn entweder wird man den einen lieben und den anderen hassen, oder dem einen dienen und den anderen verachten.«

[127] Mt 22,36–40.

ne Natur über ihre Grenzen hinaus und verzehrt sie, wie Holz vom Feuer verzehrt wird.

In ihm, wie kaum in einem anderen Heiligen des Mittelalters, sieht sich der Mensch überhaupt vom Evangelium, weil es in seiner ganzen Wahrheit aufgenommen wird, in die Krisis geworfen. Mit anderen Worten gesagt: Franz erfuhr die tiefe seelische Not des gottunmittelbaren Menschen, der sich, weil er existiert, unter Menschen im Gegenüber zu Gott existiert, nie der Forderung gewachsen sieht, derjenige zu sein, als welchen Gott, der in Jesus Christus offenbare Gott, ihn haben will. Er müßte, um dem Bilde Gottes vom Menschen zu genügen, sich lösen aus der geschichtlichen Welt, in die verflochten er nie das Gebot »vollkommen wie der Vater«[128] wird erfüllen können. Hinter seinem Leben, in welchem alles erschüttert und erschütternd ist, erhebt sich die Frage des Zweifels, ob in der vom Evangelium erfaßten Wirklichkeit der Mensch als Mensch, als geschichtliches Wesen, gebunden an Familie, an kulturelle Ordnungen und Einrichtungen, noch so bestehen kann, daß er sein Dasein zugleich gerechtfertigt weiß vor dem Herrn des Evangeliums. Kann man als Mensch dieser Welt so Christ, so Nachfolger Christi sein, daß es vor dem Himmelreich, von dem wir angefordert sind, genug ist? – Es hilft nichts, dieser Frage auszuweichen, oder die Unruhe zu leugnen, in welche die Welt seit dem Evangelium des Sohnes Gottes versetzt ist. Mit ihm ist »Feuer vom Himmel«[129] gekommen, und es soll nicht aufhören zu brennen. Seit den Urzeugen des Messias und seines Werkes ist alle Ge-

[128] Mt 5,48.  [129] Lk 12,49.  [130] Joh 1,14.

70

schichte der Heiligen auch Zeugnis der Beunruhigung ihrer Mitwelt. Selber in Wehen der Verwandlung auf einen neuen Stand des Seins, stiften sie, wollend oder nicht, gleiche Wehen in ihre Zeit, von der sie als Narren gehöhnt oder ertragen, als Ärgernis verfolgt oder als Boten des Himmels geliebt und gefeiert werden.

Aber die erschütternde Macht des Evangeliums dient einer höheren Bewahrung. Das Wort ist Fleisch geworden[130], um in Menschengestalt den Menschen als das Geschöpf nach Gottes Bild endgültig zu bestätigen und ihn als frei in die Geschichte hineingestelltes Wesen für das ewige Leben nach und über der Zeit zu retten. »Es kam in sein Eigentum« – um die Gottesherrschaft in allen Völkern aufzurichten. Aber die Seinigen, das Volk, aus dem es selber im Fleische hervorging, nahmen es nicht auf[131]. Sie verfolgten und brachten es zu Tode. Das Ende des Messiaskönigs, der Mißerfolg bei den Seinen, ist seine blutige Opferung. Auch in diesem Ausgang erlischt nicht der Sinn seines Kommens um des Menschen willen. Aber die Erlösung des Menschen wird forthin an das Kreuz und seine Nachfolge gebunden sein. Das Leid des Wortes im Fleische wird am ehesten der Anteil derer sein, von denen gesagt ist: die es aber aufnahmen, denen gab es Macht, Kinder Gottes zu werden, denen, die an seinen Namen glauben[132]. Dieses zweite Geborenwerden des Menschen, der nun »von Gott«, »von oben«, »vom Geiste« gezeugt ist[133], setzt ihn auf dem Wege zur Verherrlichung auch dem Leidensreiche des Messias aus. Mit ihm erfährt er Schmerz und Gefahr, Versuchung und Verfolgung, eine bis zur Not der Gottverlassen-

---

131 Joh 1,11.    132 Joh 1,12.    133 Joh 3,1–13 (Nikodemus-Gespräch).

heit steigende Zerreißung seines natürlichen und geschichtlichen Daseins. Aber der Sinn alles dessen ist doch nur die Menschwerdung im Geiste des Wortes, das Mensch und leidender Mensch geworden ist, damit diejenigen, die als solchen ihn aufnehmen und hierin ihm folgen, nun wahrhaft die Seinigen werden, Menschen nach Gottes Menschenbild, gotthafte Menschen, ja Kinder Gottes.

Also werden der Mensch und das Menschliche vom Evangelium erschüttert um ihrer selbst, ihrer höheren Verwirklichung willen. Es ruiniert zum Zwecke des Umbaus, es entstaltet umgestaltend auf eine neue, Gottes und des Menschen würdige Gestalt hin. Es ist, nach seiner eigenen Sprache, eine Metamorphose, in der sich das Neue, wie beim Sterben des Weizenkorns, das tragen soll[134], nicht ohne Zerfall und Zerrüttung bilden kann. Aber die verwandelnde Macht des Evangeliums wäre im tiefsten verkannt, wenn sie nur als Ursache geschichtlicher Veränderung, als ein Wechsel sich folgender Verhältnisse in der Zeitlichkeit verstanden bliebe. Hier und jetzt ist wohl der Stoff, den sie angreift, hier und jetzt ist der Acker für die Aussaat des Reiches Gottes, aber das endgültige Werdeziel liegt jenseits von Zeit und irdischer Geschichte. Mit dem Reiche Gottes, wie der Herr es verkündigt und seine Nachfolger nach ihm trachten, meldet sich eine Dimension, die unsern natürlichen Kräften entrückt, aber dem Glauben so wirklich wie das Natürliche, ja das Wirklichste von allem ist. Nicht bloß mit ihr zu rechnen, während man sein irdisches Leben treibt, sondern von ihr aus, ihr allein, alles andere

---

[134] Joh 12,24.

zu veranschlagen, macht das Besondere, Unterscheidende aus, das den Christen bewegt und den Heiligen formt. Sie denken und urteilen aus dieser Dimension, sie leben aus ihr in der festen Gewißheit, daß ihnen »alles übrige« beigegeben wird[135]. Daraus erfolgt ihre Fremdheit in der Welt, die von niemand tiefer als von ihnen gekannt ist: ihr Angriff auf die Welt, die niemand heißer liebt als sie; ihr Abstand von der Welt, die niemand als Gottes Schöpfung so wie sie mit Jubel erfährt. »Er liebte es«, heißt es vom heiligen Franz, »daß alles um ihn her aussänge dieses Sein unterwegen, alles dieses Sein in der Fremde«[136].

Die Kirche als Verwalterin des Evangeliums ist wie dieses eins und doppelt. Ihr obliegt es, seine Kraft der Verwandlung nicht aufzuhalten, gleichwohl das Irdische, in ihm als die Sinnmitte vor allem den Menschen, vor einer Zerrüttung im Namen des Kreuzes, an dem doch die Menschenliebe Gottes sich geopfert hat, zu bewahren. Nach den Gesetzen des Reiches Gottes, die sowohl ein Los von der Welt als Hinein in die Welt gebieten, Gesetzen, die nur im ewigen Herrn des Reiches kein Widerspruch sind, muß sie ebenso die Kräfte des Angreifens und Umwälzens in ihrer Geschichte wie jene der stillen, mütterlichen Bewahrung gewähren lassen, solang die einen und die andern durch das Evangelium berechtigt sind. Mithin ist ihres Amtes auch die Schirmung der Freiheit ihrer Kinder, je nach Anlage, Gnade und Berufung dem

---

[135] Mt 6,33.

[136] Diese Passage steht im Kontext des franziskanischen Ideals, keine festen Wohnstätten zu haben, sondern wie »Pilger und Fremdlinge« (1 Petr 2,11) durch die Welt zu ziehen. Bullierte Regel VI,2; Testament 24; Drei-Gefährten-Legende 59; Bonaventura, Legenda maior VII,2.9.

Reiche zu dienen. In diesem erzieherischen Wächteramt ist sie selbst an das Wort gewiesen: Der Geistige, der den Sinn des Christus hat, hat Urteil über alles, er selbst aber untersteht niemandes Urteil[137]. Darum ist der Heilige so um der Kirche willen gesandt, als ihr hinwieder das Urteil zusteht, ob es »der Sinn des Christus« ist, aus dem er lebt und »alles beurteilt«. Angesichts seiner Kämpfe und Versuchungen, seiner stillen oder stürmischen Eingriffe in die Welt, seines Zweifels um die von Gott ihm zubestimmte Lebensform, also auch des wechselnden Dranges nach einsam verborgenem oder öffentlich wirksamem Leben muß sie die Freiheit des Christen respektieren, mit der die Gnade ihre je besondere Absicht ins Werk setzt, vollends aber das Vorbild, dem er nachfolgt, den Herrn, der frohlockte und weinte, segnete und fluchte, der triumphierte und verzagte, Ärgernis gab und alles an sich zog.

9

Nicht nur die einsame Selbstheiligung, sondern das Apostolat im Bunde mit Genossen war der Plan des neuen »Ritters Christi«[138]. Mit dem erwünschten Anwachsen der Runde ergab sich von selbst die Notwendigkeit, Fühlung und Aussprache mit der amtlichen

[137] 1 Kor 2,15.

[138] Die Bezeichnung als »Ritter Christi« für Franziskus findet sich in: Drei-Gefährten-Legende 12, 16, 17; 1 Celano 9, 36; 2 Celano 21; Celano, Mirakelbuch 11; Bonaventura, Legenda maior VI,10, IX,7, XIII,9; vgl. auch Bonaventura, Legenda maior I,5.

[139] Drei-Gefährten-Legende 46 (»sie waren zwölf vollkommenste Männer, die sich einig wussten … sagte er zu den Elfen – er selbst war der Zwölfte«). Vauchez (Franziskus 75) geht davon aus, dass die

74

Kirche zu suchen. Als ihrer Zwölf geworden waren, entschloß sich Franz, nach Rom zu gehen[139].

Die Last des Vorhabens mochte ihn drücken, aber größer war seine Hoffnung, seine Zuversicht. Was hätte er zu befürchten? Das Leben, das sie führten, war beseelt vom Evangelium, und das Evangelium war die Seele der Kirche. Sie nannten sich, wenn die Leute, verwundert oder erschreckend über ihr Aussehen, sie fragten: »Männer der Buße aus der Stadt Assisi«[140]. Sie ermahnten, wie andere apostolische Männer dieser Zeit es auch getan, die Christen an Christus, und sie sprachen als einfache Sittenlehrer, nicht als Glaubensprediger – wozu es ihnen an Bildung und Befugnis gefehlt hätte. Sie lebten in voller Armut von gelegentlicher Arbeit und freiwilligen Gaben. Sie fielen niemand zur Last, sie verbrachten auf ihren Wanderungen durch Umbrien, die Toscana und die Mark Ancona ihre Nächte oft in Schuppen, in den Backöfen der Gemeinden, auf den Treppen und in den Vorhallen der Kirchen[141]. Sie sagten niemals, daß einzig ihre Lebensform die christliche sei, und zwangen keinen auf ihren Weg. Sie standen in kindlicher Ehrfurcht zu allen Priestern und wußten auch an den weltversunkenen die Würde des Amtes von der Unwürdigkeit der Person zu scheiden. Sie forderten nicht, wie Petrus Waldes und andere, die eigene Armut vom Kle-

---

Zahl symbolisch zu verstehen ist, und die Gruppe nur aus elf Brüdern bestand.

[140] Drei-Gefährten-Legende 37. – Die Gemeinschaft dieser ersten Franziskaner durfte sich damals noch nicht als Orden bezeichnen, da die kirchliche Bestätigung noch fehlte.

[141] Zu diesen Übernachtungsquartieren siehe: Drei-Gefährten-Legende 38 und auch Testament 18.

rus, sie sagten auch nicht und glaubten nicht, Messe und Spendung der Sakramente verlören Sinn und Kraft durch den Sündenstand des Priesters. Sie wollten keine bloße Herzensreligion, keine Geisteskirche ohne sinnfällige Gottesverehrung, und niemand wäre so wenig wie Franz, dem alles Sinnliche ein Inneres bezeichnete, alles Innere nach zeitlichem Ausdruck verlangte, dazu imstande gewesen. Sie glaubten und empfanden, wo irgendein Gottesmal sichtbar wurde, den Herrn in besonderer Weise gegenwärtig. Dann sprachen sie geneigt: »Wir beten dich an, o Christus, und benedeien dich, in allen deinen Kirchen, die in der ganzen Welt sind, denn durch dein heiliges Kreuz hast du die Welt erlöst«[142].

Aber der Papst wird es ihnen nicht ansehen, wer sie sind, und welches Licht und Feuer in ihnen brennt. Nicht sie selber konnten ihm den Geist ihres Bundes schildern: wie sie mitternachts zum Gebet aufstanden, wie einer dem andern nach kleinen Verfehlungen gegen die Liebe sich schuldig gab, wie einer schützend vor den andern sprang, wenn sie auf der Straße bedroht wurden[143], wie sie Almosen von Almosen gaben, wie Bruder dem Bruder das Beste wollte und ihre Besitzlosigkeit den vollkommenen Reichtum, ihre Ar-

[142] 1 Celano 45.

[143] Drei-Gefährten-Legende 42.

[144] Erste Regel oder Urregel. Siehe auch 1 Celano 32.

[145] Die Gruppe dürfte sich zwischen Ostern (29. März) und Pfingsten (17. Mai) 1209 nach Rom aufgemacht haben. Feld, Franziskus 167. – Außer Feld gehen auch Leppin (Franziskus 122), Vauchez (Franziskus 75, allerdings mit dem Hinweis, dass einige Autoren 1210 annehmen), Kreidler-Kos/Kuster (Bruder Feuer und Schwester Licht 69, 272) und Franziskus-Quellen (630 f., Anm. 20 f. [Leonhard Lehmann]) vom Jahr 1209 für die Romreise aus.

mut im Geiste den freiesten Adel des Herzens erzeugte. Franz wird dem Papste ein geformtes Wort seines Willens unterbreiten müssen. Er ließ eine Regel aufschreiben, in der er seinen ausgesuchten Sätzen aus dem Evangelium nur weniges Erläuternde hinzufügte[144]. Eines Tages im Frühjahr 1210[145] sprach er zu seinen Elfen: »Wir wollen zu unserer Mutter, der heiligen römischen Kirche, gehen und dem Papste eröffnen, was der Herr durch uns begonnen hat, damit wir das Angefangene fortsetzen nach seinem Willen und Geheiß«[146]. Die Lebensbeschreiber erzählen von einem sinnreichen Traum, der Franz ermutigt habe. Er sah, auf der Straße wandernd, einen mächtigen Baum, nahte ihm bewundernd und wuchs mit einemmal zur gleichen Höhe, daß er ihn, am Gipfel erfassend, leicht zur Erde beugen konnte[147].

Unter der Führung des Bernhard von Quintavalle, den Franz dazu bestimmt hatte[148], gelangten sie nach Rom. Es war eine glückliche Fügung, daß auch der Bischof von Assisi zu dieser Zeit dort verweilte. Er ebnete den Brüdern den Weg zu dem Benediktiner Kardinal Johannes Colonna[149]. Sie wohnten in seinem Hause und konnten ihn belehren, wes Geistes sie seien. Selber ein Mann von tiefer Frömmigkeit, erkann-

---

[146] Drei-Gefährten-Legende 46.
[147] 1 Celano 33; Drei-Gefährten-Legende 53.
[148] Der Drei-Gefährten-Legende zufolge sollte nach dem Wunsch von Franziskus einer aus ihrer Mitte als Führer für die Reise gewählt werden, den sie gleichsam für den »Stellvertreter Jesu Christi« halten sollten. Die Wahl fiel auf Bernhard. Drei-Gefährten-Legende 46. – Den Titel »*vicarius Christi*« hatte Innozenz III. als erster Papst ausschließlich auf sich bezogen. Er ersetzte den Titel »*vicarius Beati Petri*«. Kreidler-Kos/Kuster, Bruder Feuer und Schwester Licht 67; Bernhart, Vatikan 290 mit Anm. 1221; Eder, Kirchengeschichte 106.

te er bald den Ernst und Tiefgang ihres Strebens. Aber voll Bedenken über die Schroffheit dieser Lebensform empfahl er ihnen den Anschluß an einen der alten Orden[150]. Franz widersteht dem Vorschlag so zäh als höflich: Das sei es nicht, was er wolle; eine göttliche Weisung habe ihn zu seinem Leben nach dem Evangelium berufen[151].

Wie der mythische Atlas, Träger des Himmels auf der Erde, fühlte Innozenz III. die Last seines Amtes. In der kleinen Figur wohnten zwei Seelen in seltener Verträglichkeit. Der Weltverächter[152] war bestellt zur Weltherrschaft, und das eine wie das andere entsprach seinem Genius. Seit zwölf Jahren, jetzt ein Fünfziger, regierte er die Kirche, der die Welt bedrohlich tief im Fleische saß. Dieser Mann von höchster Bildung, salomonischem Urteil, ein Freund der schwierigen Fälle, betrachtete die Makel der heiligen Mutter mit einem Zuge von Melancholie. Aber scharf und sicher nahm er die Rechte wahr in allen den unübersehbaren Händeln der Völker, der Kronen, des simonistisch[153] verseuchten Klerus wie des um seine Menschenrech-

---

[149] Drei-Gefährten-Legende 47. – Johannes trug den Beinamen »von St. Paul«, weil er der Benediktinerabtei St. Paul vor den Mauern in Rom angehörte. Von 1193 bis 1205 war er Kardinal mit der Titelkirche S. Prisca und nachher Kardinalbischof von Sabina. Jedoch war er kein Sproß aus dem berühmten Geschlecht der Colonna, wie oft behauptet wurde. Kreidler-Kos/Kuster, Bruder Feuer und Schwester Licht 288.

[150] Der Kardinal nahm wohl »an dem Vagantentum und der absolut ungesicherten Existenz der Brüder Anstoß«. Feld, Franziskus 168; 1 Celano 33. – Der Drei-Gefährten-Legende (48) nach war er demgegenüber begeistert und wollte als einer der Ihren betrachtet werden.

[151] 1 Celano 33.

[152] Anspielung auf den Traktat »*De miseria humanae conditionis – Über das Elend des menschlichen Daseins*«, den Innozenz III. noch als Kardinal (Lothar von Segni) verfasst hatte.

te ringenden Proletariats in den wachsenden Städten. Alle religiösen Kräfte, die irgendwo unter Geweihten oder Laien sich regten, mußten ihm willkommen sein. Nur galt es, vor Neuerung in der Erneuerung auf der Hut zu sein. Nach genauer Prüfung der Geister hat er den lombardischen Humiliaten, einer aus dem Tuchmachergewerbe hervorgegangenen Bruderschaft, die laikale Sittenpredigt bei ihren Sonntagsversammlungen erlaubt und den Orden der Katholischen Armen bestätigt [1201][154]. Er kannte die zahllosen Mächte des Widerstandes gegen die päpstliche Autorität, in denen politische und religiöse Motive je nach dem Bedürfnis die Maske vertauschten, und hatte sich auf Reisen, ja in seiner eigenen Stadt Petri wüster Ausbrüche des Hasses zu versehen. Um so mehr wird der Papst die Strömungen begrüßen, in denen vom Evangelium ergriffene Männer und Bünde von sich aus den Anschluß an Leib und Leben der Kirche suchen. Aber auch ihm, wie manchem seiner Vorgänger, stand geschrieben: »Ich weiß von deinem Tun und deiner Mühsal und Geduld, und daß du die Bösen nicht ertragen kannst, und hast auf die Probe gestellt, die sich

[153] Simonie ist der Erwerb eines geistlichen Amtes durch Bestechung. Hans-Jürgen Guth, Simonie, in: LThK 9 ([3]2000) 607 f.

[154] Kurt-Victor Selge, Humiliaten, in: TRE 15 (1986) 691–696; Vauchez (Franziskus 77 f.) charakterisiert das Verhalten des Papstes folgendermaßen: Innozenz III. »bemühte sich darum ... die eindeutig häretischen Strömungen, wie die Albigenser, gegen die er 1209 einen Kreuzzug führte, von denen zu unterscheiden, deren Lehre im Wesentlichen mit dem Glauben der Kirche übereinzustimmen schien, auch wenn einige ihrer Forderungen gegen die Gepflogenheiten der Hierarchie und des Klerus verstießen. Von diesen Gruppen verlangte der Papst gewisse Voraussetzungen, damit sie die Anerkennung des authentisch christlichen Charakters ihrer Lebensweise erhielten.«

selbst Apostel nennen – und sind es nicht, und hast
sie als Lügner erfunden«[155].

Der Kardinal hatte aufs günstigste berichtet[156];
Franz und die Seinen wurden in den Lateran befoh-
len. Der Prophet stand vor dem Papste, der Bettler
vor dem Herrscher und doch ein Mann der Weltabsage
vor dem andern. Franz eröffnete sein heiliges Vor-
haben und übergab die Regel, die auch das Notwen-
digste über die Kleiderordnung, über Arbeit und Lohn
und das Nehmen von Almosen bestimmte. Der Papst
hielt mit seinem Lobe nicht zurück, auch nicht mit
seinen Bedenken. »Meine lieben Söhne, allzu hart und
rauh erscheint uns euer Leben. Wir sind überzeugt,
eure Begeisterung ist so groß, daß niemand an euch
zweifeln darf. Aber wir müssen auch an die Zukunft
denken und alle, die euch folgen werden – ob ihnen
ein solches Leben nicht unerträglich wird«[157]. Franz
ist sicherlich fest bei seinem Wort und Willen geblie-
ben, denn der Papst empfahl ihm die erneute Selbst-
prüfung im Gebet und hieß ihn wiederkommen.

In diesen Tagen hoher Erregung trat ihm eine Para-
bel vor das innere Auge. Es war ein armes, aber schö-
nes Weib in der Wüste. Der König des Landes fand
sie und nahm sie in der Erwartung gleichschöner Kinder zur Ehe. Als einige geboren waren, zog er fort und
ließ die Mutter mit der Nachkommenschaft darbend
zurück. Schämt euch nicht, sagte sie, denn ihr seid
königlichen Geschlechts. Nach Jahren sandte sie die

[155] Offb 2,3; vgl. 1 Joh 4,1.
[156] Siehe dazu: Kreidler-Kos/Kuster, Bruder Feuer und Schwester
Licht 68.
[157] Drei-Gefährten-Legende 49.
[158] Drei-Gefährten-Legende 50.

ältesten Söhne an den Hof. Betroffen von ihrer Schönheit, ihrer Ähnlichkeit auch mit ihm, fragte der König nach der Herkunft. »Wir sind Söhne einer armen Frau aus der Wüste.« Er umarmte sie und versprach ihnen, für sie zu sorgen. »Wenn Fremde an meinem Tisch ihre Nahrung finden, wie vielmehr dann ihr, meine rechtmäßigen Söhne.« Und auch die Mutter und die anderen Kinder beschied er an seinen reichen Hof[158].

Die zweite Unterredung, entscheidend für beide Teile, begründete unabsehbare geschichtliche Folgen. Recht nach Prophetenart trug Franz sein Gleichnis vor und legte es aus. Er selbst sei jenes arme Weib, ausersehen, dem Herrn rechtmäßige Söhne zu erzeugen. Ihm habe der König der Könige gesagt, seine Liebe, die Fremde und Sünder versorgt, werde um vieles mehr noch die Männer des Evangeliums nach Schuldigkeit ernähren[159]. Das ganze Gehaben des Bittstellers erfüllte den Papst mit tiefstem Vertrauen in seine höhere Berufung. Er schloß ihn in seine Arme und bestätigte ihm, vorerst nur mündlich, die Regel[160]. Der

[159] Feld (Franziskus, 172–174) betont die Brisanz dieser Deutung, wenn der König als Christus, nicht als Papst gedeutet wird, so dass letztlich Franziskus und seine Gefährten ihre Legitimation unmittelbar durch Christus erhalten. Feld hält dieses Selbstverständnis von Franziskus für historisch nicht unwahrscheinlich. – Siehe dazu auch: Vauchez, Franziskus 81.

[160] Drei-Gefährten-Legende 51 f. – Der Drei-Gefährten-Legende zufolge hatte der Papst wenige Tage zuvor in einem Traum gesehen, wie die Lateranskirche einzustürzen drohte, sie aber ein unansehnlicher Ordensmann stützte. Franziskus hielt er nun für diesen Ordensmann. Ebd. 51 (siehe dazu Anm. 50). – Feld (Franziskus 176 mit Anm. 142) zeigt sich erstaunt darüber, dass trotz der »bekannten Schreibfreudigkeit« des Papstes keine schriftliche Fixierung erfolgte. Vauchez (Franziskus 81–83) betont demgegenüber, dass sich der Papst davor hütete, »ihnen eine institutionelle Annerkennung zu gewähren«. Damit »überließ er es der Vorsehung oder vielmehr

einzige schriftliche Ausweis, den Franz empfing, waren die voranzusetzenden Worte: daß die dargelegte Lebensform genehmigt sei für ihn und seine Brüder, auch die künftigen; Franz und wer immer das Haupt der Genossenschaft sein werde, verspreche Gehorsam und Ehrerbietung dem Herrn Papst Innozenz und seinen Folgern, und alle andern Brüder seien gehalten, dem Bruder Franz und seinen Folgern zu gehorchen. Im Konsistorium bestätigte der Papst die schon ausgesprochene Erlaubnis der Sittenpredigt für Franz und die von ihm bevollmächtigten Brüder[161]. Auf Wunsch des Kardinals Johannes wurden alle durch Verleihung der Tonsur in die kirchliche Hierarchie aufgenommen, weil sie nur als Träger dieser niederen Weihe zur kirchlichen Predigt befugt sein konnten[162].

So hatte Franz den Gipfel des Baumes zu sich geneigt. Nach dem Besuche der Apostelgräber[163] zog die glückliche Schar durch die Campagna gegen das Sabinergebirge. In der Nähe von Orta mit seinen etrus-

---

dem Lauf der Dinge, die zeigen sollten, ob die entstehende Bewegung dazu bestimmt war, sich zu entwickeln, und verdiente, unterstützt zu werden.« (Zitat ebd. 82 f.)

[161] Drei-Gefährten-Legende 51. – Siehe auch Anm. 92.

[162] Drei-Gefährten-Legende 52; Bonaventura, Legenda maior III,10 (»kleine Tonsuren … damit sie das Wort Gottes ungehindert verkünden könnten« – Franziskus-Quellen 707 [Marianne Schlosser/ Paul Zahner]). – Mit der Erteilung der Tonsur, die als solche keine Weihe war, wurden die Brüder mit Bedacht in den Klerus aufgenommen und somit auch zum kirchlichen Gehorsam verpflichtet. – 1 Celano erwähnt diese Tonsur nicht, 2 Celano 17 deutet nur indirekt darauf hin. Vauchez, Franziskus 83.

[163] Drei-Gefährten-Legende 52 (St. Peter, St. Paul vor den Mauern, St. Bartholomäus auf der Tiberinsel und die Zwölf-Apostel-Kirche, in der unter dem Hochaltar die Reliquien der Apostel Philippus und Jakobus verehrt werden – Franziskus-Quellen 641, Anm. 38 [Leonhard Lehmann]).

kischen Grabhöhlen verbrachten sie zwei Wochen der Rast. Der innere Jubel und die friedvolle Größe der Landschaft wandelte sie wie eine Versuchung an, hierzubleiben und eremitisch nur dem persönlichen Heil zu leben. Im Gebete erholter Rat hieß sie weiterwandern – apostolischer Mühe entgegen.

## 10

In der umbrischen Ebene, eine kleine Stunde von Assisi, lag in der Nähe eines Aussätzigenhauses eine verlassene Hirtenhütte an dem »gewundenen Bach«, der vom Subasio herunterkommt, und hieß nach ihm *Rivo torto*. Sie sollte das Bethlehem des Ordens werden. In ihrer Enge richteten die »echten Söhne« des Evangeliums, die Minnediener der Herrin Armut sich ein. An die Balken im Innern schrieb Franz die Namen der Brüder, um jedem seinen Platz zu bezeichnen. Das tägliche Brot, oft nur in erbettelten Feldfrüchten bestehend, war gering[164], knapp die Ruhe in der Nachtkühle, dürftig das Gewand auf den fröstelnden Leibern. Manche fügten der Notdurft noch weitere Kasteiungen hinzu und erkrankten an ihrem Übermaß. Franz verbot es, pflegte sie und sorgte für kräftigere Mahlzeiten, an denen er, um die Beschämten zu erleichtern, sich selbst beteiligte. Die Arbeit der Brüder[165] erstreckte sich teils auf den Leprosen-

[164] Drei-Gefährten-Legende 55.

[165] »Freilich wäre es ein Irrtum, sich für die Frühzeit der Brüderschaft das Betteln als tägliches Geschäft vorzustellen. Wohl war in Franzens Augen Betteln eine Tugendübung, und Brüder, die sich beim Betteln fröhlich selbst erniedrigten und damit ihre Freiheit von Ehrsucht und Geltungstrieb bewiesen, bereiteten ihm ungemeine Freude, brachten sie doch das Wesen der Armut, ganz auf

dienst, teils auf die Wanderpredigt. Franz, vom Bischof aufgefordert, bestieg zum erstenmal die Domkanzel seiner Vaterstadt und wirkte auf die Menge, die seit dem römischen Ereignis andern Sinnes geworden war, durch sein schlichtes glühendes Wort wie »der strahlende Morgenstern«[166]. War er nicht doch ein Prophet, den der Geist Gottes erfüllte, um durch ihn sie alle aufzurütteln? Dieser war es, der vor kurzem, um die Weihnacht, als Otto [IV.], der Herrscher des Reiches[167], nach seiner Kaiserkrönung durchzog, nicht seine Hütte verließ, aber dem Zuge einen Bruder nachsandte, um den Kaiser an die Eitelkeit der Welt zu mahnen[168].

Wie rasch die franziskanische Bewegung fortan um sich griff, ist kaum ins einzelne zu erkennen. Aus ihrem religiösen Grunde erwuchsen mehr und mehr auch sittliche und soziale Folgen. Eine wichtige Urkunde vom November 1210 bezeugt noch heute ein

andere angewiesen zu sein, ja letztlich ganz von Gott selbst abzuhängen, besonders eindringlich zur Darstellung. Indem der mindere Bruder für den laufenden Tag und nur für ihn das Lebensnotwendigste erbat, erhielt er sich ganz bewusst im Zustand völliger Abhängigkeit von der Güte Gottes, übte er eine Weise der Selbstverdemütigung als der Grundausrichtung innerer Abkehr von sich selbst. Dennoch war für Franziskus und die Brüder zunächst Arbeiten die Regel. Sie verdingten sich da und dort, machten sich in Privathäusern, als Krankenpfleger, durch handwerkliche Tätigkeiten nützlich, um das für den Tag unbedingt Erforderliche zu erwerben.« Weitlauff, Franziskus 162 f.

[166] Papst Gregor IX. verglich Franziskus bei seiner Heiligsprechung im Jahre 1228 mit einem »Morgenstern«. 1 Celano 125; vgl. zu dieser Betitelung auch 1 Celano 37 und Bonaventura, Legenda maior Vorwort 1. Die Anregung zu dieser Bezeichnung findet sich in Sir 50,6.

[167] Es war der Welfe Otto IV., seit 1198 König und am 4. Oktober 1209 zum römischen Kaiser gekrönt, † 1218. Bernd Ulrich Hucker, Otto IV., in: Neue Deutsche Biographie 19 (1999) 665–667.

friedfertiges Abkommen[169], in dem sich die obere und die untere Klasse von Assisi, die seit langem verhaderten Großen und Kleinen (*maiores* und *minores*) zur Gemeinsamkeit des politischen Handelns verbünden und mancher Druck von der Schicht der Gepreßten hinweggenommen wird. Der Name *minores*, Minderbrüder, stand bereits in der vorgelegten Regel[170], und die Würde, die er aus dem Geiste der Genossenschaft empfing, teilte sich auch der so benannten Klasse der Bevölkerung mit. Eine Kräftigung des demokratischen Elements in den Ständekämpfen ist auch dem legendären Niederschlag der Bewegung zu entnehmen. Ohne Zweifel bedeutet der räuberische Wolf aus Gubbio, den Franz so wunderbar zähmt[171], einen feudalen Gierschlung, der sich unter der Wirkung der neuen Armuts- und Friedenspredigt zu einer sanfteren Weise verstehen muß. Beispiel und Botschaft der evangelischen Männer erfaßte ja gleichermaßen Edle

[168] 1 Celano 43.

[169] Siehe dazu: Felder, Die Ideale des hl. Franziskus 287 f., sowie oben Anm. 11.

[170] Nach Feld (Franziskus 184) wählte Franziskus die Bezeichnung »*Ordo Fratrum Minorum*« vermutlich erst nach der Zeit am Rivotorto in Portiuncula. Jakob von Vitry, der neugeweihte Bischof von Akkon, sprach im Oktober 1216, als er sich noch in Perugia aufhielt, von den minderen Brüdern und minderen Schwestern. Brief 1, in: Huygens, Lettres de Jacques de Vitry 75 f.; auch in: Franziskus-Quellen 1534 f., hier 1534 (Thomas Morus Huber/Leonhard Lehmann).

[171] Fioretti 21. – Bernhart gibt in seinem Büchlein »Heilige und Tiere« (190) eine Geschichte wieder, die sich in der »Passion von San Verecondo« findet, und in der Franziskus deutlich macht, dass er keine Wölfe fürchtet. Diesen Text verfasste ein unbekannter Benediktiner in der 2. Hälfte des 13. Jahrhunderts, der noch auf Aussagen von zwei Augenzeugen zurückgreifen konnte. Siehe Franziskus-Quellen 1556 f. (Thomas Morus Huber/Leonhard Lehmann).

und Bürgerliche, Kleriker und Laien, Gelehrte und Ungelehrte.

Der Schuppen am *Rivo torto* beherbergte die Brüderschaft nicht lange. Ein Bauer mit seinem Esel nahm ihn in Anspruch, und seinem wüsten Auftreten wichen die Beter, die dem Bösen auch diesmal nicht widerstanden[172]. Noch andere Gründe mochten Franz bewegen, dieses glückselige Bethlehem zu verlassen. Für raschen Zuwachs an Brüdern war es zu eng, und das nächste Gotteshaus zu weit entfernt. Sie überließen die Hütte den Aussätzigen und begaben sich zurück nach Portiuncula, das ihrem Orden Nazareth werden sollte.

## 11

Von den Mönchen des Subasio pachtete Franz 1211 die Portiuncula gegen jährliche Lieferung von Fischen aus dem nahen Flüßchen Chiascio[173]. Bei der Kapelle, in der sich das Gebet der Tagzeiten nun mit erhöhter Sammlung verrichten ließ, erbaute er mit den

---

[172] Drei-Gefährten-Legende 55; Vauchez, Franziskus 84; Kreidler-Kos/Kuster, Bruder Feuer und Schwester Licht 69 f.

[173] Drei-Gefährten-Legende 56 (zur Datierung 1211 siehe: Franziskus-Quellen 642, Anm. 43 [Leonhard Lehmann]). Legenda Perusina 56 (hier wird die Kirche auch als »*mater et caput pauperum Minorum Fratrum*« bezeichnet, als Mutter und Haupt[kirche] der armen Minderbrüder). Franziskus-Quellen 1126–1131, hier 1127 (Bernhard Holter/Johannes Schneider).

[174] 2 Celano 190.

[175] Rufino (Rufinus) degli Offreduccio war ein Cousin Klaras und trat als zweiter Ritter der Gemeinschaft des Franziskus bei. In Kreidler-Kos/Kuster (Bruder Feuer und Schwester Licht 13, 17 f., 297) nimmt Kuster die Rolle des Bruders Rufino als Erzähler ein. – Zur Diskussion, ob die Drei-Gefährten-Legende vollständig ist und

Brüdern einige Hütten aus Lehm und Weidengeflecht. Neue Genossen vermehrten die franziskanische Familie bald in großer Zahl. Aus der Überlieferung treten einige Charaktere in scharfer Zeichnung hervor und spiegeln als die üblich so genannte zweite Generation den einigen Geist des Ganzen in der mannigfachen Prägung der einzelnen Naturen. Der Bauer Johannes hatte beim Pflügen, wir wissen den Ort nicht, vernommen, der berühmte Mann der Buße sei eben in der Kirche. Er betraf ihn, wie er mit dem Besen den heiligen Raum auskehrte, schloß sich ihm an und wollte den einen seiner beiden Ochsen sogleich den Armen vermachen. Der weinenden Familie gab Franz, mit allen beim Abschiedsessen sitzend, wohl das Tier, aber nicht den Vater zurück. Von diesem Einfältigen, der seinen bewunderten Meister bis in die Einzelheiten des äußeren Gehabens nachahmte[174], hebt sich der Adelige Rufinus aus dem Hause der Scissi als ernste, einsilbige Mönchsnatur ab[175], von ihm der sonnige, schöne Bruder Masseo mit seiner flüssigen Rede, der das viele Wallfahrten nicht liebte, weil es besser sei,

ob sie zu dem mit ihr gemeinsam überlieferten Brief, abgefasst von Rufino, Leo und Angelo da Rieti am 11. August 1246 in Greccio, ursprünglich gehörte und in dieser Hinsicht echt ist, siehe ausführlich: Feld (Franziskus 34–38: Frühdatierung, Brief gehört nicht zur Drei-Gefährten-Legende); Vauchez (Franziskus 236–238: »das Werk eines einzigen Minderbruders ... vielleicht von Rufinus ... sicher nicht von Bruder Leo«, ebd. 236); Kreidler-Kos/Kuster (Bruder Feuer und Schwester Licht 303 f.: Berichte sind in den 1240er-Jahren entstanden und wurden von Rufino, Leo und Angelo 1246 von Greccio nach Assisi gesandt); Leonhard Lehmann (Die franziskanische Frage, in: Franziskus-Quellen 165–177, bes. 169–173, hier 173: »In der Frage, ob die drei Gefährten gemeinsam oder einer von ihnen [Leo? Rufino?] die Legende verfassten, oder ob sie von einem Bürger Assisis stammt, der die Ehre der Familie Bernardone retten wollte, von einem Notar oder von einem Ritter – darüber gibt es derzeit nur

zu lebenden Frommen als zu toten Heiligen zu gehen. Neben Bruder Wacholder (*Juniperus*), dem zu Narrenpossen aufgelegten »Gaukler im Herrn«[176], steht der eigentliche Vertraute Franzens, Leo, sein Beichtvater und Sekretär, von ihm zwar Bruder Lamm genannt, aber in den künftigen Gegensätzen des Ordens auch mit Hitze und Leidenschaft zum Streite gerüstet[177]. Es war ja unausbleiblich, daß über das Werk des Friedenspredigers, als es in die Breite wuchs, auch Tage des Zwistes, ja der Spaltung kamen[178].

Noch aber lag es wie milder, heiterer Himmel über der Gemeinschaft, die Franz mit der Strenge seiner scharf sehenden und weise formenden Vaterliebe in der Gewalt hat. Zweimal im Jahre, zu Pfingsten und am Michaelstage, versammeln sich alle Brüder zum Kapitel in Portiuncula, wo die Ordenszucht gefestigt und das Arbeitsfeld der Mission den einzelnen zugewiesen wird. »Innig und feurig« war Franzens Rede im Ermahnen, Aneifern und Zurechtweisen; denn wie er selber zum Schutze gegen Hochmut sich seinem eigens bestimmten Hüter (Guardian) unterstellte, verlangte er von den Brüdern Gehorsam unter allen Um-

---

Hypothesen.«). – Siehe dazu auch die Einleitung zur Drei-Gefährten-Legende von Leonhard Lehmann, in: Franziskus-Quellen 602–608 (hier auch mit dem Vermerk, dass die Drei-Gefährten-Legende gut zu Rufinus passen würde [ebd. 606]).

[176] Celano, Leben der heiligen Klara 45. – Ginepro bzw. Juniperus bedeutet Wacholderstrauch. Dieser Gefährte des heiligen Franziskus verstarb im Jahre 1258. Er ist durch seine sprichwörtliche Einfalt und Geduld, aber auch durch sein ungewöhnliches Verhalten aufgefallen. Fioretti 48; Leben des Bruders Ginepro, in: Fioretti – Die Blümlein des hl. Franziskus von Assisi 211–235; Speculum perfectionis 85. – Felder, Die Ideale des hl. Franziskus 203 f.

[177] Kreidler-Kos/Kuster, Bruder Feuer und Schwester Licht 297. – Siehe auch Anm. 356.

ständen, zu aller Zeit, in allen Dingen, sofern nicht Gewissen und Regel dem entgegenstanden[179]. Zur vollen evangelischen Armut zählte er die volle Fügsamkeit unter die vom Evangelium her berechtigte und in seinem Namen ausgeübte Befehlsgewalt. Ihrem selbstischen Mißbrauch aber beugte die gleichso evangelische Weisung an die Obern vor, das Herrschen als ein Dienen zum Besten der Untergebenen auszuüben. Sie sollten in zuwartender Geduld möglichst »selten im Gehorsam befehlen und nicht jäh mit der Hand ans Schwert fahren«[180]. Denn Gehorsam war vor allem ein religiöser Akt, viel weniger ein Parieren um der Disziplin willen; weshalb denn Franz auch sagte, es habe einer nicht alles für Gott verlassen, wenn er die Privatschatulle seines Eigenwillens zurückbehalte. In der täglichen Wirklichkeit der immer wachsenden Genossenschaft häuften sich aber, wie natürlich, die Spannungen und Konflikte zwischen Leitenden und Geleiteten, so daß sich Recht und Satzung, in viel höherem Grade, als die familiären Anfänge es erfordert hatten, für den Zusammenhalt und die Zucht des Ganzen notwendig erwiesen. Dem sinnbildlichen

---

[178] 1517 kam es zur endgültigen Spaltung des Ordens in die beiden Zweige der Konventualen, auch Minoriten genannt (OFMConv), und der Observanten (OFM bzw. OFMObs). Die Observantenbewegung war bereits im 14. Jahrhundert mit dem Anliegen, die Ordensregel besonders genau zu bewahren (lat. *observare, observantia*) entstanden. Aus diesem Grund beanspruchte sie für sich auch die alleinige Treue zur Intention ihres Ordensgründers. Im 15. Jahrhundert war es noch gelungen, die Einheit formell zu wahren. Nach der Aufspaltung 1517 kam es 1525 zu einer erneuten: Innerhalb der Observanten entstand die Reformgruppe der Kapuziner (OFMCap). Eder, Kirchengeschichte 118.

[179] Drei-Gefährten-Legende 57.

[180] 2 Celano 153.

Traum, in dem sich Franz des großen Baumes Innozenz bemächtigt hatte, folgt kein ähnlicher, in dem
er den Winden und Stürmen, die den aufschießenden
Wald des Ordens durchwühlen, Stille geböte.

Immer weiter erstreckt sich die Gemarkung der
Wanderpredigt, und eigene Herbergen, von Freunden
der Bewegung gebaut, bewahrten die Brüder vor ent-
ehrenden Zwischenfällen. Aber die »heilige Armut«
bleibt das Geheimnis ihres Erfolges. Weil sie nichts Irdisches hatten, sagt Bonaventura, an nichts sich häng-
ten, nichts zu verlieren fürchteten, waren sie überall
sicher und kannten nicht das zitternde Hin und Her
von Furcht und Sorge; sie lebten sozusagen fern von
aller inneren Wirrnis und erwarteten ungeängstigt den
kommenden Tag und die Unterkunft für die Nacht[181].

Das Schwert der Trennung, heißt es in einer Quelle, ward in jener Zeit auf die Erde gesandt. Im Geiste
der evangelischen Entzweiung durch den Herrn des
Reiches Gottes[182] hieb und schnitt es in Verhältnisse der natürlichen Gemeinschaft. Die erste Frau, die
aus dem Kreise der Ihrigen sich losriß, war die sieb-
zehnjährige Klara aus einem adeligen Hause Assisis[183]. Sie entlief der Familie in der Nacht des Palm-

[181] Bonaventura, Legenda maior IV,7.

[182] Mt 10,34–42.

[183] Ihre Eltern waren Favarone di Offreduccio und Ortulana (Hor-
tulana). Geboren wurde sie 1193 oder 1194. Feld, Franziskus 402.
Zu Klara von Assisi siehe: Kuster, Franz und Klara von Assisi;
Kreidler-Kos/Kuster, Bruder Feuer und Schwester Licht; Kreidler-
Kos/Röttger, Gewagtes Leben 13–61.

[184] Nach heutiger Forschung: 1211. Kreidler-Kos/Kuster, Bruder
Feuer und Schwester Licht 70, 74, 273, 354, Anm. 115.

[185] Zu diesem von Franziskus vollzogenen Ritus (einer Tonsurie-
rung) siehe: Heiligsprechungsprozess der heiligen Klara, Zwölfte

sonntags 1212[184]. Ihr und zwei Gefährtinnen schnitt Franz am Altare das Haar[185], hieß sie in einen groben Rock, Schleier, Strick und Mantel sich kleiden und geleitete sie eine halbe Stunde weit in ein Nonnenkloster[186]. Bald vertauschten sie es mit einem andern, in dem nun auch eine Schwester Klaras gegen den heftigen Widerstand der Familie diesem Orden der Armen Frauen, dem zweiten franziskanischen, beitrat[187]. Als Franz ihnen später San Damiano zum Kloster angewiesen hatte, stand Klara der Gemeinschaft in strengster Armut noch 40 Jahre vor. Sie nahm auch ihre zweite Schwester und die verwitwete Mutter auf[188], und allen den vierzig, fünfzig Frauen, die allmählich hier unter der gleichen Lebensform sich vereinigten, ist diese starke Natur auch die zärtlichste Mutter geworden. Ihre Frömmigkeit war vor allem durch die Verehrung der heiligen Eucharistie bestimmt. Das Verhältnis zu Franz erstarkte mit den Jahren zu einer geistlichen Freundschaft, in der sich die innere Verbundenheit im Herrn mehr und mehr der äußeren Zeichen begibt. Den Brüdern zum besten Beispiel hält sich Franz im behutsamsten Abstand von der Freundin und ihrem Kreise. Allzu selten für

Zeugin 4; Sechzehnter Zeuge 6; Siebzehnte Zeugin 5; Achtzehnter Zeuge 3; Heiligsprechungsbulle der heiligen Klara 8; Feld, Franziskus 411. – In ihrer Regel fixierte Klara später, dass den Novizinnen vor der Ordensaufnahme die Haare geschnitten werden müssen. Regel der heiligen Klara II. – Rotzetter, Klara von Assisi.

[186] San Paolo delle Abbadesse bei Bastia. Feld, Franziskus 411 f.

[187] Ihre Schwester Agnes war ihr bereits nach etwa zwei Wochen nach Sant'Angelo di Panzo nachgefolgt. Feld, Franziskus 403 f., 412 f.

[188] Ihre Schwester Beatrice und ihre Mutter traten 1229 in San Damiano ein. Feld, Franziskus 403.

die Frauen kommt er, und dann noch streut er, wie zu einem bannenden Zirkel, Asche um sich und zieht einer persönlichen Ansprache das Gebet eines Bußpsalmes vor[189]. Als ihn aber wieder einmal die Zweifel befallen, ob er vor der wachsenden Last der Ordensgeschäfte nicht doch in beschauende Einsamkeit entweichen solle, erholt er sich den entscheidenden Rat bei Klara und empfängt auf den Knien die Antwort des Boten, die ihm das Predigen befiehlt[190].

Die Lebensweise der Klarissen mußte sich naturgemäß in vielem auf das weiblich Mögliche beschränken. In den langwierigen Verhandlungen über die Frage Armut und Besitz standen sich irdisch vorsorgende Vernunft und unbedingtes Vertrauen auf den Erhalter der Vögel und Lilien[191] gegenüber. Was Klara selbst betrifft, so schlug sie alle erleichternden Anerbieten der Kurie aus. Fest und freimütig bekannte sie über Franzens Tod hinaus die reine Treue zu seiner Armutsform. Als der Papst Gregor IX. [1227–1241] in persönlicher Unterredung sich bereit erklärte, sie vom Armutsgelöbnis zu entbinden, wenn anders ihr Gewissen nicht etwelcher Art Besitz zustimmen könne,

---

[189] Dieser Asche-Ritus wird in 2 Celano 207 geschildert.

[190] Fioretti 16 (eine Mischung aus Bonaventura, Legenda maior XII, 1 f. und 1 Celano 35. – siehe dazu: Franziskus-Quellen 1371 f. mit Anm. 64 [Johannes Schneider]).

[191] Anspielung auf Mt 6,26–28.

[192] Celano, Leben der heiligen Klara 14 (Klara-Quellen 277–347, hier 308 [Bernhard Holter]). – Feld (Franziskus 436) kommentiert Klaras Verhalten so: »Damit war aber für Klara das Maß voll.« Siehe auch: Kreidler-Kos/Kuster, Bruder Feuer und Schwester Licht 196 f.

[193] Es handelt sich um das sogenannte »Privileg der Armut« (*Privilegium paupertatis*), das Papst Gregor IX. Klara am 17. September 1228 laut erhaltener Originalurkunde verliehen hat. Die päpstli-

gab sie die scharfgezielte Antwort: »Heiliger Vater, niemals in Ewigkeit wünsche ich von der Nachfolge Christi absolviert zu werden«[192]. Der Papst privilegierte ihr die Freiheit der völligen Armut[193], für andere Klarissenklöster fand er Kompromisse, die mit der schroffen Größe Franzens und Klaras nicht zu verwechseln sind.

## 12

Die innere Geschichte des Heiligen tritt für eine Reihe von Jahren in der Gesamtheit der Quellen viel weniger als die äußere hervor. Alles in allem wird sie schmerzlicher verlaufen sein, als es das volkstümliche Andenken an den frohbeschwingten Gottesmann wahrhaben will. Ihre Grundzüge, für eine nur psychologische Betrachtung schwer vereinbar, liegen in dem Drang zur Weltmission, im Wechsel von Antrieb zu apostolischer Arbeit und einem mystischen Verglühen, in der Sehnsucht nach dem Martyrium für Christus. Diesem allem aber ist gemeinsam der urchristliche »Durst« nach der

che Originalurkunde wird im Klarissenkonvent S. Chiara zu Assisi aufbewahrt und ist in den Franziskanischen Quellenschriften 2 331–333 ediert (auch: Klara-Quellen 364 f., mit Einleitung: 362–365 [Niklaus Kuster]). Im Mittelalter war es üblich, dass sich Klöster um päpstliche Privilegien bewarben, die zumeist Erhalt oder Erweiterung ihres Besitzes oder ihrer Macht zum Inhalt hatten. Klara hingegen bat darum, dass ihre Gemeinschaft völlig besitzlos leben dürfe. Zur Erlangung dieses für damals und auch heute sehr ungewöhnlichen Privilegs musste sie einen lebenslangen Kampf mit den Päpsten führen. – Das »Privileg der Armut« ist auch erwähnt in: Celano, Leben der heiligen Klara 14; Heiligsprechungsprozess der heiligen Klara, Dritte Zeugin 14, 32; Siebte Zeugin 8; Zwölfte Zeugin 6. – Siehe dazu auch: Regel der heiligen Klara VI.

äußersten Weltstunde, in welcher Mensch und Evangelium zueinander kommen und eins das andere erfüllt.

Wir folgen Franz in dürrer Chronik durch sieben bewegte Jahre. Als erster unter den Ordensstiftern nimmt er das Heidenapostolat in Angriff. Er schiffte sich 1212 nach Syrien ein, aber die Unbill des Wetters vereitelt die Reise. An die dalmatinische Küste verschlagen, kehrt er zurück und predigt, viel umjubelt, viele Jünger gewinnend, im Lande umher[194]. Im Frühling 1213 wird er auf seiner Wanderung durch die Romagna Zeuge eines Ritterfestes, spricht von der Mauer in den gefüllten Burghof über die ewigen Güter als Leidenstrost in der Zeit, worauf ein Graf aus der Gesellschaft ihn zu geistlicher Unterredung bittet und mit dem Alvernerberg, der ihm als Stätte geistlicher Sammlung dienen soll, beschenkt[195]. Wohl schon im Winter 1213/14 wirkt er in Spanien, aber Krankheit zwingt ihn, sein Ziel Marokko aufzugeben und heimzukehren[196]. Im Jahre des großen Laterankonzils, 1215, verfaßt er auf dem Krankenlager das Sendschrei-

[194] 1 Celano 55 f. – Im selben Jahr war Franziskus bereits mit sieben Gefährten in Rom gewesen. Diesem Besuch in Rom folgten weitere. Kreidler-Kos/Kuster, Bruder Feuer und Schwester Licht 87 f., 298.

[195] Considerazioni 1. Betrachtung (Franziskus-Quellen 1439–1445, hier 1439–1442 [Johannes Schneider]). Hier wird das Ereignis ins Jahr 1224 datiert. In dieser Schrift (dt.: Die Betrachtungen über die Wundmale) werden jedoch alle geschilderten Ereignisse auf dieses Jahr, das Jahr der Stigmatisation, verlegt. Ein späteres Dokument belegt aber, dass die Schenkung mündlich bereits 1213 erfolgt war. Ebd. 1439, Anm. 1; Kreidler-Kos/Kuster, Bruder Feuer und Schwester Licht 90.

[196] 1 Celano 56; Celano, Mirakelbuch 34; Kreidler-Kos/Kuster, Bruder Feuer und Schwester Licht 105, 108.

ben an alle Gläubigen[197]. Um diese Zeit wurde Elias, zubenannt von Cortona, vormals Matratzenmacher, Schulmeister und endlich Notar, in die Brüderschaft aufgenommen. Der dunkle, schwerlich je zu durchschauende Charakter sollte mit den Jahren aus einem Jünger Franzens nicht viel weniger als ein Gegenspieler der urfranziskanischen Bewegung werden[198].

[197] Die kürzere Fassung dieses Schreibens als »Brief an die Gläubigen I« ist abgedruckt in: Franziskanische Quellenschriften 1 54–58 (Franziskus-Quellen 123–126 [Leonhard Lehmann]); der längere Wortlaut als »Brief an die Gläubigen II«: Franziskanische Quellenschriften 1 59–67 (Franziskus-Quellen 127–135 [Leonhard Lehmann]). Man geht heute allgemein davon aus, dass Brief I den Kern von Brief II bildet und damit ein Vorläufer ist. Leonhard Lehmann datiert den 2. Brief »in die letzten vier, wenn nicht gar in die letzten zwei Lebensjahre«. Franziskus-Quellen 123, 127 (Zitat).

[198] Bruder Elias (geb. um 1180–1253) entstammte einfachen Verhältnissen. In Bologna war er schließlich *scriptor*. Er leitete den Aufbau der Kustodie Syrien und war dafür verantwortlich, dass die Brüder in Konstantinopel, Akkon, Antiochien etc. Fuß fassen konnten. Er wurde später Generalminister des Ordens (1221–1227; 1232–1239, in diesem Jahr Absetzung durch das Generalkapitel in Rom). Über ihn und sein ordensinternes Schicksal siehe weiter unten und: Feld, Franziskus 353–400; Kreidler-Kos/Kuster, Bruder Feuer und Schwester Licht 274–276, 298 f.; Johannes Schlageter, Elias von Cortona, in: LThK 3 (³1995) 591 f. (Lit.).
Der Beginn seiner Amtszeit als Generalminister ist in der Forschung umstritten. Feld (Franziskus 359 f.) geht von 1224 aus. Ihm zufolge war Franziskus rechtlich gesehen noch Generalminister, während Elias spätestens seit dem 30. Mai 1221 (Pfingstkapitel) Vikar in der Nachfolge des verstorbenen Catanius war. Für den Beginn der Amtszeit als Generalminister erst 1224 spricht für Feld, dass die Bulle »*Solet annuere*« (1223) noch Franziskus als Ordensoberen sieht. Zwischen der ersten und zweiten Amtszeit von Elias war Johannes Parenti (Parens) Generalminister (1227–1232). Feld, Franziskus 359–370. In der »Liste der Generalminister« (Franziskus-Quellen 1491 [Thomas Morus Huber/Leonhard Lehmann]) ist Johannes Parenti der erste Generalminister (seit dem Pfingstkapitel 1227). Das könnte daran liegen, dass die Quelle Petrus Catanius und Elias »nur« als Vikare gesehen hat, so dass Parenti auf dem ersten Generalkapitel nach dem Tod von Franziskus als erster eigen-

Im Mai 1216 begab sich Innozenz III. in die Landschaft des Heiligen, nach Perugia, um für den neuen Kreuzzug die Seemächte Venedig, Pisa und Genua friedlich zu einigen. Darüber starb er am 16. Juni, als dort eben Franz sich aufhielt. Wie ein ernster Augenzeuge, der französische Prälat Jakob von Vitry[199], berichtet, lag die Leiche faulend in einer Kirche, beraubt und ausgezogen[200]. Noch vieles andere habe ihn dort angewidert, eines aber sei ihm auf seiner Reise zum Trost geworden:

»Viele Menschen beiderlei Geschlechts, Reiche und Weltleute, haben alles für Christus verlassen und der Welt entsagt; sie hießen Minderbrüder. Bei Papst und Kardinälen stehen sie hoch in Ehren. Sie machen sich in keiner Weise mit zeitlichen Gütern zu schaffen, sondern wirken Tag um Tag mit glühendem Eifer, um verkommende Menschenseelen vom Welttrug abzubringen und sie an sich zu ziehen. Und durch Gottes Gnade haben sie große Ernte eingebracht und viele gewonnen. Sie leben nach der Art der ersten Kirche, von der geschrieben ist: Die Menge der Gläubigen war ein Herz und eine Seele[201]. Bei Tage kommen sie in die Städte und Dörfer, um bei ihrer Arbeit einige zu ge-

ständiger Ordensoberer gewählt worden wäre. Ebd. Anm. 1. Auch die *Chronica XXIV Generalium Ordinis Minorum*, die Franziskus als ersten und Parenti als zweiten Generalminister sieht, kennt die Tradition, wonach Elias bereits vor Parenti Generalminister war. Chronica XXIV Generalium Ordinis Minorum (ed. Analecta Franciscana 3 210, 216 f.); Feld, Franziskus 362 mit Anm. 35.

[199] Jakob von Vitry (vor 1170–1240), Volksprediger, Missionar in Palästina und Geschichtsschreiber, 1216 Bischof von Akkon, 1229 Kardinalbischof von Tusculum (Frascati), gestorben am 1. Mai 1240 in Rom; seine Briefe sind eine wichtige Quelle zum Kreuzzug von Damiette (1217–1221). Anna-Dorothee von den Brincken, Jakob von Vitry, in: LThK 5 (³1996) 732 f.

winnen, auf die Nacht aber kehren sie in die Einsiedelei oder abgelegene Plätze zurück und geben sich der Betrachtung hin. Die Frauen hingegen wohnen in der Nähe der Städte in besonderen Hospizien beisammen; sie nehmen nichts an, sondern leben von der Arbeit ihrer Hände. Aber Leid und Kummer macht es ihnen, daß sie von Geistlich und Weltlich, mehr als ihnen lieb ist, geehrt werden. Die Männer dieser Genossenschaft kommen einmal im Jahre, was ihnen vielfachen Gewinn bedeutet, an einem bestimmten Ort zusammen, um miteinander sich im Herrn zu freuen und die Mahlzeiten einzunehmen, und, beraten von guten Männern, verfassen und verkünden sie ihre heiligen, von dem Herrn Papst bestätigten Satzungen. Danach zerstreuen sie sich für ein ganzes Jahr über die Lombardei und Toskana, Apulien und Sizilien. … Ich glaube wirklich, daß der Herr zur Schande der Prälaten, die ›wie stumme Hunde nicht bellen können‹[202], durch so einfältige und arme Menschen viele Seelen vor dem Weltende retten will«[203].

Sogleich nach dem Tode des dritten Innozenz wurde, noch in Perugia, der betagte Kardinal [Cencio] Savelli als Honorius III. [1216–1227] zum Papste ge-

[200] Jakob von Vitry, Brief 1, in: Huygens, Lettres de Jacques de Vitry 73 f.; auch in: Franziskus-Quellen 1534 f., hier 1534 (Thomas Morus Huber/Leonhard Lehmann). – Haller, Das Papsttum III 470.

[201] Apg 4,32.

[202] Jes 56,10.

[203] Jakob von Vitry, Brief 1, in: Huygens, Lettres de Jacques de Vitry 75 f.; auch in: Franziskus-Quellen 1534 f. (Thomas Morus Huber/Leonhard Lehmann). Im Original wird außer von den Minderen Brüdern auch von den Minderen Schwestern gesprochen. Siehe ebd. 1534 mit Anm. 2 und oben S. 85 Anm. 170.

wählt[204]. Daß er auf Franzens Bitte gelegentlich der Neuweihe von S. Maria von den Engeln den Portiuncula-Ablaß gewährt habe, ist eine zähe Überlieferung, der manche historische Bedenken entgegenstehen[205]. Wichtiger als die Person des neuen Papstes ist für den Fortgang der franziskanischen Sache der Kardinal-Bischof Hugolin[206], ein Neffe des toten Innozenz. An diesem warmherzig frommen, aber auch leidenschaftlich rücksichtslosen Manne fand der Heilige einen Freund, der sein Werk mit kirchenpolitischer Wachsamkeit fester in die Hand nahm, als es ihm, dem Gründer, zuweilen lieb sein konnte. Er ist der neuen Bewegung als religiöser und sozialer Mensch stark und ehrlich zugetan, gleichwohl – vielmehr deshalb – ist es sein

[204] Skiba, Honorius III. Seelsorger und Pragmatiker.

[205] Zum Portiuncula-Ablass siehe: Justin Lang, Portiunkula, in: LThK 8 ([3]1999) 434 f. – Die ältesten franziskanischen Quellen schweigen darüber. Eine ausdrückliche Erwähnung findet er erstmalig 1277. Während der Ablass an sich einen Nachlass der zeitlichen Sündenstrafen meint, ging es bei Franziskus nach der Aussage von Benedikt von Arezzo nach mehr. Demzufolge hätte Franziskus um einen Ablass von allen Sünden gebeten, den Papst Honorius – allerdings mit einem Hinweis auf die Unüblichkeit eines solchen Vorgehens – gewährt habe. Franziskus, der an der Beichte festhielt, dem es aber um eine umfassende Heilszusage für alle in der Portiuncula um Vergebung Bittende ging, soll eigenem Bekunden nach eine himmlische Bestätigung für diesen Ablass erhalten haben. Zeugnis des Bruders Benedikt von Arezzo (1277) (Franziskus-Quellen 1652 f. [Johannes Schneider]); Zeugnis des Ritters Jakob Coppoli von Perugia, undatiert, aber wohl etwa zur gleichen Zeit (ebd. 1655 f. [Johannes Schneider]). – Siehe ausführlich dazu: Johannes Schneider, Zeugnisse für den Portiunkula-Ablass, in: ebd. 1649–1667; Feld, Franziskus 246–255 (Feld überschreibt dieses Kapitel mit dem Titel »Die ›Vergebung von Portiuncula‹«).

[206] Kardinal Hugolin (Graf Hugo von Segni, vor 1170–1241), als Gregor IX. (1227–1241) einer der bedeutenden Juristenpäpste des 13. Jahrhunderts, seit 1217 mit Franziskus befreundet und Protektor seines Ordens, dessen (»disziplinierende«) Regel von 1223 vor-

großes Anliegen, sie dem Leibe der institutionellen Kirche anzuverwandeln. Schon 1217 – in Florenz – überredete er Franz, der unterwegs nach Frankreich ist, von seiner Missionsreise abzustehen. Könnte die Genossenschaft, die an der Person ihres Stifters vorerst den einzigen Rückhalt hatte, in seiner langen Abwesenheit nicht entarten oder zerfallen?[207] Noch fehlte ihr die geschrieben feierliche Bestätigung, und eben war noch auf dem großen Konzil die Gründung neuer Orden untersagt worden[208]. Überdies, die Sache hatte viele Gegner im Klerus, vor allem an der Kurie.

Wohl oder übel fügte sich Franz und blieb im Lande. Das Pfingstkapitel 1219, eines der »Feste der Armen«, bei dem die Brüder rings um die Kapelle in Hütten

wiegend sein Werk war; er war ein großer Förderer der Bettelorden, aber auch ein Freund der Benediktiner von Subiaco. Hermann Dilcher, Gregor IX., in: TRE 14 (1985) 152–155; im Zusammenhang mit Franziskus bzw. der franziskanischen Bewegung: Feld, Franziskus 319–351; Kreidler-Kos/Kuster, Bruder Feuer und Schwester Licht 290; Bernhart, Vatikan 314–318.

[207] 1 Celano 74. – 1217 war die Bewegung bereits so groß, dass in Italien Provinzen (mit Ministern als deren Leitung) entstanden. Das Pfingstkapitel beschloss zudem eine Ausbreitung über das Mittelmeer und die Alpen hinaus. Kreidler-Kos/Kuster, Bruder Feuer und Schwester Licht 105 f., 115–117; Vauchez, Franziskus 111–114.

[208] Kanon 13 des IV. Laterankonzils (11.–30. November 1215) bestimmte, dass keine neuen Regeln mehr bestätigt werden und neue Orden in Zukunft eine alte Regel als Grundlage nehmen müssen (Conciliorum oecumenicorum decreta 242). Durch diesen Kanon wurde beispielsweise Klara anfänglich gezwungen, wenigstens formell die Benediktregel für ihre Gemeinschaft zu übernehmen. Doch kämpfte sie lebenslang um die Anerkennung einer eigenen (um 1247 entworfenen) Regel, die Innozenz IV. (1243–1254) schließlich 1253, kurz vor ihrem Tod, approbierte. Dieter Berg, Klara von Assisi, in: LThK 6 (³1997) 111 f. – Dominikus dagegen, der wie Franziskus am erwähnten Konzil teilnahm, wählte für die Predigerbrüder die Augustinusregel.

aus Matten von Rohr und Binsen herbergten, zeigt schon den planvoll werdenden, organisatorisch wirksamen Geist, der nicht aus Hirn und Herz des kleinen *idiota*[209], wie Franz sich nannte, entsprungen war. Was dieser andere Geist aber formte, was er zum Nutzen der sichtbaren Kirche ins Gefüge brachte, ging aus jenen innersten Antrieben des Heiligen, die er selbst als göttliche Befehle empfand, hervor. Das gilt nicht am wenigsten von seiner Idee des Apostolats unter den Heiden.

## 13

Das Kapitel hatte Brüder nach entfernten Gebieten des Abendlandes zu Christen und Nichtchristen entsandt. Die nach Deutschland[210] und Ungarn befohlenen gingen einer grausamen Behandlung entgegen, die fünf zu den Mauren nach Spanien und Marokko geschickten sollten schon im Januar 1220 den Martertod erleiden. Franz selbst war gleich nach jenen Pfingsten mit Peter Catani nach Ägypten aufgebrochen, wo das Kreuzheer an der Nilmündung hart im Kampfe mit dem Moslim lag. Er hatte schon das

---

[209] Im Brief an den gesamten Orden 39 (Franziskanische Quellenschriften 1 93; auch: Franziskus-Quellen 118 [Leonhard Lehmann]) schreibt Franziskus über sich selbst: »In vielem habe ich durch meine schwere Schuld gefehlt … weil ich unwissend und ungebildet bin.« Der Heilige untertreibt bei diesen Worten, da er sicherlich ein Mindestmaß an schulischer Bildung (Lesen, Schreiben, Rechnen) hatte und ein wenig Latein konnte, dies jedoch in grammatikalischer Hinsicht nicht einwandfrei beherrschte. Eine höhere schulische Ausbildung wurde dem angehenden Kaufmann aber nicht zuteil. Schmucki, »Ignorans sum et idiota«; Feld, Franziskus 105; Kreidler-Kos/Kuster, Bruder Feuer und Schwester Licht 27. Siehe dazu auch: Drei-Gefährten-Legende 2.

[210] Zur beginnenden Ausbreitung des Ordens nach Deutschland

Jahr zuvor eine Kolonne unter der Führung des Bruders Elias nach Syrien vorausgesandt. Nach seiner Landung im Juli konnte er Zeuge des Gemetzels sein, das um die Festung Damiette entbrannt war. Die beiden Heere schenkten sich nichts an Grausamkeiten. Die Kreuzfahrer, unter denen die sittliche Verwilderung erschreckend um sich gegriffen hatte, mochten wohl erst nach dem großen Schlag des 29. August, bei dem sie 5 000 Mann auf dem Felde gelassen[211], der Predigt Franzens zugänglicher geworden sein. Erfolglos war sie nicht: als Augenzeuge berichtet der genannte Jakob von Vitry über vier Männer, die allein aus seiner nächsten Umgebung Minderbrüder geworden sind. Aber das eigentliche Ziel war dem kühnen Apostel die Bekehrung der Gläubigen Mohammeds. Unter Fährnissen drang er bis zum Sultan [Melek el-Kamil (1218–1238)][212] vor, wurde höflich angehört, ehrenvoll verabschiedet, aber auch mit der Gewißheit, daß seine Predigt im Sarazenenlager nur ertragen würde, solange sie nicht mit islamischen Lehren in Widerspruch kam. Sie dauerte – nach Jakob – nur einige Tage, und ihre Wirkung blieb gering[213].

siehe: Franziskanische Quellenschriften 6. »Die Mission … schien nur das magische Wort ›Ja‹ zu kennen. Es genügte, um in Pilgerherbergen Essen und Unterkunft zu erhalten; wirkte sich jedoch verheerend aus, als die Brüder gefragt wurden, ob sie Häretiker seien.« Kreidler-Kos/Kuster, Bruder Feuer und Schwester Licht 117; Groll, Franziskaner in Augsburg 47–50.

[211] 2 Celano 30; Bonaventura, Legenda maior XI,3. Beiden Quellen zufolge hatte man im Heer der Christen 6 000 Tote und Gefangene zu beklagen.

[212] Dem 1180 geborenen späteren Sultan war an einem friedlichen Zusammenleben seiner muslimischen, koptisch-christlichen und jüdischen Bevölkerung gelegen. Kreidler-Kos/Kuster, Bruder Feuer und Schwester Licht 286.

Als erster Abendländer trug Franz den Christenglauben zu außereuropäischen Völkern. Er wollte das ganze Evangelium und alles auf den Buchstaben erfüllen. Dazu gehörte ihm die bei Markus vom Herrn gebotene Predigt in aller Welt und an alle Geschöpfe[214]. Sollte irgendein Land, ein Volk, irgendeine Kreatur auszunehmen sein? So gut wie vor Mauren und Sarazenen mußte die Botschaft vom Reiche des erlösenden Gottes auch vor Vögeln und Fischen ausgesprochen werden[215]. Es hieße Franzens Wesen und Wirken im Grunde verkennen, wollte man seiner Liebesglut auch nur ein Stäubchen des Weltalls entzogen sehen. Wie sie in seinem Herzen da ist, wie sie den Kosmos vom Stein bis zur Menschenseele als ihren Stoff ergreift, bleibt so lange unerklärlich, als man nicht die mystische Verbundenheit seiner ganzen Existenz mit dem erschaffenden und erlösenden Herrn als den Feuerquell seines Weltverständnisses, seines Handelns und nicht

[213] Jakob von Vitry, Brief 6, in: Huygens, Lettres de Jacques de Vitry 132 f.; auch in: Franziskus-Quellen 1536 f. (Thomas Morus Huber/Leonhard Lehmann). – Hinnebusch, The Historia Occidentalis of Jacques de Vitry 32. – Vgl. 1 Celano 57. – Vauchez, Franziskus 114–127; Kreidler-Kos/Kuster, Bruder Feuer und Schwester Licht 118–122; Alberzoni/Avveduto, Francesco e il sultano; Kermani, Ungläubiges Staunen 274–290; Kuster, Spiegel des Lichts 28–36. – Zum Kreuzzug gegen Damiette siehe auch: Mayer, Geschichte der Kreuzzüge 195–203. – Zur Begegnung von Papst Franziskus mit dem Großimam von Kairo siehe das Vorwort von Bischof Dr. Bertram Meier und Kuster, Spiegel des Lichts 36–42.

[214] Mk 16,15.

[215] 1 Celano 58; Celano, Mirakelbuch 20; Bonaventura, Legenda maior XII,3; Fioretti 16. – Siehe dazu auch: Leppin, Franziskus 176–179; Bösch, Vogelpredigt und Stigmata; Franziskus-Quellen 235, Anm. 98 mit Literaturangaben (Johannes-Baptist Freyer). – Die Erzählung von der Vogelpredigt findet sich auch in: Bernhart, Heilige und Tiere 188 f.

zuletzt seines schmerzlichen Schicksals in Anschlag bringt. Nicht zuviel, eher zu wenig sagt man von ihm mit den Worten seines Jüngers Thomas von Celano: Er wollte nicht sich allein leben, sondern dem, der für alle am Kreuz gehangen und gestorben ist[216]; deshalb sein Ringen im Gebet, seine Unermüdlichkeit im Predigen, sein Übermaß im Vorbildgeben – als Mitwirker Christi im einigen Vollzug des gleichen Amtes[217].

Als Franz gegen Jahresende 1219 sich im Heiligen Lande aufhielt, brachte ein Laienbruder, der ihm aus eigenem Antrieb nachgereist war, betrübende Nachrichten über Vorgänge in der Ordensgemeinschaft. Über seinen Kopf hinweg waren Neuerungen ins Werk gesetzt worden, die die Regel, andere, die das Rechtsverhältnis der armen Damen Klaras zum Römischen Stuhl betrafen. Es war kein Zweifel, daß sich Unbefugte der Zügel bemächtigten und die Entwicklung auf Wege drängen wollten, die der Stifter für Abwege vom Geist des Ursprungs halten mußte[218]. Das in der Heimat verbreitete Gerücht, er sei im Morgenland sterbenskrank geworden, ja schon gestorben, hatte die fremde Neuerung begünstigt. Zwar an den

---

[216] 1 Celano 35 = 2 Kor 5,14 f.; vgl. 2 Celano 10 f., 109.

[217] 2 Celano 172.

[218] Die »Neuerungen« zeigten sich beispielsweise so: Die beim Generalkapitel 1219 als Vikare eingesetzten Matteo da Narni (Matthäus von Narni) und Gregorio da Napoli (Gregor von Neapel) hatten ein Seniorenkapitel einberufen, da sich unter den inzwischen 3 000 Brüdern viele klarere Strukturen und Regelungen wünschten. Die Juristen und Gelehrten im Orden griffen dazu auf die Benediktregel und die Konstitutionen der Zisterzienser zurück. Außerdem bemühten sie sich um päpstliche Privilegien, die den Brüdern bei der Seelsorge hilfreich sein sollten, wie es sie bei den Dominikanern gab. Kreidler-Kos/Kuster, Bruder Feuer und Schwester Licht 126 f.; Vauchez, Franziskus 128.

Augen erkrankt, aber ungebrochen, mächtig auch der Zornkraft seines Gemüts, eilte er, von Petrus Catani, Elias, dem Deutschen Cäsarius[219] und andern Brüdern begleitet, nach Italien zurück, wo er Anfang März 1220 in Venedig landete.

Schon in Bologna trifft er die Brüderschaft im Besitze eines Studienhauses an, das der Minderbruder Peter Stacia, ein gelehrter Jurist, unbefugt errichtet hatte[220]. Franz in seiner Entrüstung befiehlt allen, auch den Kranken, das Haus zu räumen, und dem Schuldigen, der ihm seinen Orden zerstören wollte, ist noch nicht verziehen, als er bald darauf stirbt. Dieses Vorkommnis empfing die Heimkehrer als Anzeichen einer schon ausgebreiteten Veränderung an der anfänglichen Lebensform. Er sollte noch tiefer bekümmert werden. Der Sohn Bernardones, der in der Krankheit das Fragwürdige des menschlichen Daseins empfunden hatte, erfährt nun als Vater und Führer seiner geistlichen Familie mehr und mehr die Not, unter Menschen ein Mensch nach dem Evangelium, unter Christen ein ganzer Nachfolger Christi zu sein.

»Der Führer eines so großen, vielschichtigen Heeres, der Hirt einer so umfänglichen, weit zerstreuten Herde«[221] – das war er nun geworden, und sein wachsendes Werk vermehrte auch seinen Kummer. Mit Berufenen kamen viele Unberufene, lockere Brüder, Gyrovaganten, schmarotzende Abenteurer von der Art, die Franz mit »Bruder Fliege« anfuhr[222]. Selbst ein

---

[219] Zu Cäsar von Speyer siehe unten Anm. 394.

[220] 2 Celano 58.

[221] 2 Celano 184.

[222] 2 Celano 75. – Gyrovagen waren Wandermönche. LThK 4 (³1995) 1122–1124.

Freund der Sache, jener Jakob von Vitry, vermerkt in einem Briefe aus Damiette von 1220 die Verwilderung und nennt im Hinblick auf das zuchtlose Schweifen »zwei und zwei« den Orden offen heraus gefährlich[223]. Im kirchlichen Frankreich widersetzt sich der Einführung ein Mißtrauen, dem der Papst mit einem nachdrücklichen Empfehlungsschreiben begegnet, und derselbe Honorius III. bestimmt in einer Bulle vom 22. September 1220, künftig habe jeder zum Eintritt Gewillte eine einjährige Prüfungszeit zu bestehen, und die Eintrittsgelübde seien unwiderruflich[224].

Diesem wichtigen Erlaß, der den mystischen Bruderbund schon nahe an die großen alten Orden anglich, war in Viterbo eine Begegnung mit dem Papst vorausgegangen, die Franz aus eigenem Antrieb gesucht hatte. Dort erbat er sich und erhielt den Kardinalbischof Hugolin zum Protektor der Minderbrüder[225]. Er mochte einsehen, daß Recht und Gesetz zusammenhalten müssen, was von der Liebe allein nicht mehr gebunden wurde. Wir wissen nicht, mit welchen Gefühlen er sein aus sich selbst bedrohtes Werk dem Schutz der Kurie anbefahl, sicherlich aber ist das unbedingt ergebene Kind der Kirche auch ein scharfer Richter ihrer dem Evangelium entfremdeten Prälaten gewesen: das beweist die leidenschaftliche Predigt, die er, von Hugolin ihm eingegebene Gedan-

---

[223] Jakob von Vitry, Brief 6, in: Huygens, Lettres de Jacques de Vitry 131 f.; auch in: Franziskus-Quellen 1536 f., hier 1536 (Thomas Morus Huber/Leonhard Lehmann).

[224] Bulle »*Cum secundum consilium*« (Franziskus-Quellen 1619–1621 [Johannes Schneider]). Ihr Inhalt findet sich wieder im 2. Kapitel der Bullierten Regel.

[225] Drei-Gefährten-Legende 63; 1 Celano 100; vgl. Anm. 206.

ken ganz vergessend, vor Papst und Kardinälen über einen Psalmvers von Scham und Schande improvisierte[226]. Eben was er so tief aus Herzensgrund verehrte, wollte er in der Lauterkeit des Verehrungswürdigen vor Augen haben. In Hugolin fand er es; Hugolin aber, der in Franz den Menschen und Frommen ehrte, sah es jetzt und künftig als seine Aufgabe, diese Quellen neuer Kraft dem Leib der ganzen Weltkirche zuzuführen. Der politische Römer, fünfzigjährig und erfahrungsreich, ist wie ein älterer Freund, der dem jüngeren den Arm um die Schulter legt und mit mild zusprechender Autorität gemach auf seinen Weg zu bringen sucht. Was durch die nächsten Jahre zwischen den beiden sich zuträgt, ist ein Konflikt von Männern, der in der Tiefe ein Konflikt von Mächten ist. Fragen wie diese tun sich auf: ob Kultur und Evangelium einander dulden; ob der Mystiker der reinen Nachfolge Christi nicht an jeder Form von Welt, auch der kirchlichen Gemeinschaft, ob nicht die Welt an ihm, wenn sie nach seiner Art sich wandelte, scheitern müsse; ob nicht dieses immer sich versagende, nimmer gestaltbare Reich Gottes des Evangeliums um dieser Unmöglichkeit willen das wahre Kleinod aller Geschichte ist. Wie Franz zum kirchlichen Protektor seiner Sache sich verhält, ist ein Gehorchen und Widerstehen zugleich. Er gehorcht ihm als dem Priester und bevollmächtigten Mann der Kirche, er widersteht ihm als dem Bedroher seines schlechthin göttlichen, im Evangelium festbegründeten Auf-

---

[226] Drei-Gefährten-Legende 64 f. – Der Papst setzte nach einem ausführlichen Gespräch mit Franziskus die Neuerungen, die die Vikare und das Seniorenkapitel eingeführt hatten, wieder außer Kraft. Kreidler-Kos/Kuster, Bruder Feuer und Schwester Licht 127, 289 f.

trags. Der Konflikt – ein solcher ist es für Hugolin wie Franz – wird zunächst an der Frage der Wissenschaftspflege und des Bücherbesitzes im Orden offenbar[227]. Allein aus ihrem religiösen Tiefgang ist zu verstehen, warum es darüber zu langen, alles aufwühlenden Kämpfen kam. Der Konflikt, selbst von Franzens Lage aus gesehen, war und ist nicht zu lösen. Sind gelehrtes Wissen und Forschen eine Gefahr für die Armut im Geiste, sind Bücherbesitz und Büchersammeln unvereinbar mit der vollen Armut an äußerer Habe, so verlangte im Gegenteil die auswärts auf Eroberung gerichtete Praxis des Ordens, vor allem die Predigt als Glaubensverteidigung, nach intellektueller Schulung und Bildung. Der Heilige selbst brachte gelehrten Männern eine wahre Ehrerbietung entgegen, gerne umgab er sich von Anfang mit solchen, er selbst berief den durchgeschulten Portugiesen Antonius von Padua als ersten Ordenslehrer[228], und mit naivem Respekt vor allem Geschriebenen schützte er heidnische Codices vor dem Verkommen, weil auch

[227] Siehe dazu auch: Feld, Franziskus 203 f. – Thomas von Celano überliefert auch diese Szene: »Einem Laienbruder, der ein Psalterium haben wollte und von ihm die Erlaubnis erbat, gab er Asche statt des Psalteriums.« 2 Celano 195 (Franziskus-Quellen 405 [Johannes-Baptist Freyer]).
[228] Als eine Art Beauftragung zum Lehramt gilt in der Ordenstradition der Brief des heiligen Franziskus an den heiligen Antonius von Ende 1223 oder Anfang 1224, abgedruckt in: Franziskanische Quellenschriften 1 52 (Franziskus-Quellen 108 [Leonhard Lehmann]). Dass Antonius der »erste« Ordenslehrer war, ist mit diesem Dokument aber nicht bewiesen. Siehe dazu auch: Feld, Franziskus 22 f., 468. – Nach den Forschungen von Dieter Berg hatte Franziskus 1224 Antonius von Padua und einem kleinen Kreis ausgewählter Brüder erlaubt, ein ordensinternes Theologiestudium einzuführen. Berg, Armut und Wissenschaft 56; Kreidler-Kos/Kuster, Bruder Feuer und Schwester Licht 159 f., 274.

in ihnen Gutes sein könne, durch dessen Aussprache der menschliche Geist seine anerschaffenen Kräfte dem Herrn zurückerstatte[229]. Aber dagegen überwog ihm, der in der Zeit des aufblühenden Universitätslebens[230] viel Hochmut und Entzweiung der Geister sah, ein abgründiger Argwohn, daß vom Intellekt die reine Einfalt und Andacht, innerste Quellen der Weisheit, Schaden litten. So liebte er gebildete Menschen und verstellte sich zugleich die Wege zur Bildung, verrief den Baum, dessen edelste Früchte er sich wünschte. Wer seinen offenen Zwiespalt in dieser Sache, und es ist wahrlich nicht nur der seine gewesen, zudeckt oder wegredet, wird ihm sowenig gerecht als dem Reiche Gottes, dem Wirklichsten, das doch in der Endlichkeit nicht vollauf zu verwirklichen ist.

Auf dem Pfingstkapitel 1220 entluden sich gewitterige Spannungen, die sich unaufhaltsam verdichtet hatten. Die von Franz der Armut vermählte Genossenschaft sah in ihren Reihen Mißordnung und Un-

<hr />

[229] 1 Celano 82. – Über den Umgang des heiligen Franziskus mit niedergeschriebenen Namen und Worten des Herrn siehe: Brief an die Kleriker 12; 1. Brief an die Kustoden 2 und 5; Brief an alle Brüder oder den gesamten Orden 35; Testament 12.

[230] Zur Entstehung der Universität im Mittelalter siehe: Grundmann, Vom Ursprung der Universität im Mittelalter; Müller, Geschichte der Universität, bes. 9–50; Koch, Die Universität. Geschichte einer europäischen Institution.

[231] Legenda Perusina 18.

[232] Sehr drastisch formuliert das Feld (Franziskus 319): »Die Totengräber des Franziskus, seine Bestatter, sowohl was seine leiblichen Überreste als auch was sein geistiges Vermächtnis betrifft, im wörtlichen und im übertragenen Sinne, waren der Papst Gregor IX. und sein Nachfolger als Generalminister des Minoriten-Ordens, Bruder Elias von Cortona.« An anderer Stelle spricht Feld (ebd. 1) von der »Domestizierung, ja Beerdigung« der »Neuheit und Originalität der Gedanken des Franziskus und des ursprünglichen Franzis-

geist gefährlich um sich greifen. Man verlangte nach einer festeren Verfassung und nach Freigabe wenigstens bescheidener Bildungswege, wie sie bereits doch auch in den älteren Orden vorhanden seien. Hugolin übernahm es, den Stifter für die Wünsche, ja Forderungen der »Minister« zu gewinnen. Ohne weitere Antwort, bebend vor Erregung, führte Franz an der Hand den Kardinal vor die Versammlung und in leidenschaftlichem Ausbruch verteidigte er den Auftrag seines Gottes, als ein Tor in dieser Welt auf den Weg der Weisheit zu führen. Sein exaltierter Zustand wirkte Schweigen und Bestürzung[231]; aber in nächster Zeit schon betrat der Orden die Bahn, vor der ihn Franz bewahren wollte[232]. Unter den Gründen ist auch das Beispiel des gleichzeitig aufkommenden Dominikanerordens im Spiel[233], der bereits eine klare Verfassung ausgebildet und sich vor allem das Studium zum Zweck gesetzt hatte[234]. Behutsam, aber mit zielbewußter Steuerung lenkten Hugolin und die Kurie das

kanertums«, nennt Papst Gregor aber auch einen »in seiner Weise ebenfalls großen« Mann (ebd. 2).

[233] Der Dominikanerorden, eigentlich Orden der Predigerbrüder (OP), entstanden 1215, ist nach seinem Gründer Dominikus de Guzmán (um 1170–1221) benannt. Bernhart, Vatikan 307–309, 311; Eder, Kirchengeschichte 118; Steinen, Franziskus und Dominikus; Vicaire, Fondation, approbation, confirmation de l'ordre des Prêcheurs; ders., Histoire de Saint Dominique. – Ambrosius Eßer, Dominikaner, in: TRE 9 (1982) 127–136; Isnard Wilhelm Frank, Dominikanerorden, in: LThK 3 (³1995) 309–318 (QQ und Lit.); ders., Dominikus. Ebd. 319 f. (QQ und Lit.).

[234] Dominikus hatte als päpstlich bestellter Wanderprediger die südfranzösischen Ketzergruppen kennengelernt. Seine Tätigkeit bzw. die seines Ordens erwies sich als günstig im Kampf gegen die Ketzer, weil sie wie diese arm und auf Wanderschaft lebten, ihre Verkündigung aber im Unterschied zu ihnen im Auftrag der Kirche ausübten. Ihnen ging es vor allem darum, die Ketzer durch

bedrohte Schiff, an dessen Bord sein Schöpfer der Bekümmertste von allen war, in die Zukunft. Noch zu seinen Lebzeiten werden Minderbrüder in Scharen an die Hochschulen von Bologna, Paris und Oxford ziehen[235].

Auf dem Herbstkapitel desselben Jahres 1220 legte Franz sein Amt als Ordensleiter nieder[236] und übergab es einem der Urjünger, Peter Catani. Als dieser schon im Frühjahr 1221 starb[237], folgte ihm Bruder Elias, den Begabung und weltförmige Sinnesart so weit vom Geiste seines Meisters abführen sollten, daß der Orden ihn ausstieß[238]. Wenn die schroffsten Zeugnisse über ihn die Wahrheit treffen, ist der Vergleich seiner Rolle im christförmigen Leben und Wirken des Heiligen mit jener des Judas nicht von der Hand zu weisen.

Argumente zu überzeugen, weswegen sie für ihre Predigttätigkeit sehr auf ein gediegenes Studium setzten. Jede Ordensprovinz sollte ein eigenes Studienhaus haben, besonders fähige Brüder an den Universitäten studieren, wo die Dominikaner bald selbst an den großen Universitäten lehrten, wie Albertus Magnus (um 1200–1280) oder Thomas von Aquin. Wegen ihrer Tätigkeit bei der Inquisition wurde der Name Dominikaner auch als »*domini canes*« (Hunde des Herrn) gedeutet. Eder, Kirchengeschichte 118–121.

[235] Felder, Die Ideale des hl. Franziskus 356–388.

[236] 2 Celano 143. – Siehe dazu ausführlich: Vauchez, Franziskus 129–134.

[237] Die Bernhartsche Darstellung entspricht auch der neueren Franziskusforschung. Kreidler-Kos/Kuster, Bruder Feuer und Schwester Licht 127 f., 135 (»Beim Herbstkapitel [1220] legt er die Ordensleitung in die Hand des Juristen Pietro Cattani.« Ebd. 274). – Allerdings vermutete Rosalind B. Brooke, dass Petrus Catanius bereits 1217 (Pfingstkapitel) als Vikar bzw. Generalminister (siehe zu dieser Problematik Anm. 198) von Franziskus eingesetzt worden sei. Die Zeit bis zu seinem Tod am 10. März 1221 erschien ihr als zu kurz für die vielen Episoden, in denen Petrus als Vikar wirkte. Franziskus verzichtete jedoch »keineswegs konsequent auf alle Leitungsfunktionen«. Feld, Franziskus 151 f. (mit Verweis auf Brooke); 302–304 (Zitat 303). – Petrus Catanius gehörte jedoch nicht »zum

Elias also war es, der das großartige Mattenkapitel in der Pfingstwoche 1221, zu welchem Tausende von Brüdern zusammengeströmt waren, leitete. Franz hielt die Predigt über den Psalmvers: Gepriesen sei der Herr, mein Gott[239], der meine Hände stärkt zum Kampfe[240]. Redend und betend, ratend und anordnend gab er sich aus bis zur Erschöpfung. Am Ende der Tagung sitzt er, zu müde, um noch zu sprechen, zu Füßen des Elias, zupft ihn an der Kutte und gibt ihm die Stichworte für die Aussendung von Brüdern in die deutsche Mission[241].

Ins selbe Jahr 1221 fällt ein Ereignis von unabsehbarer Bedeutung: die Gründung des Dritten Ordens[242]. Mit ihm ergoß sich die evangelisierende Bewegung weit und tief ins soziale und politische Leben der Zeit.

Kreis der ersten Brüder«. Kuster, Franziskus und seine ersten Gefährten 43. Siehe auch Anm. 101.

[238] Speculum perfectionis 1. – Zu Elias von Cortona (um 1180–1253) und diesem Vorgang siehe: Anm. 198.

[239] Ps 40,14; 71,18; 105,48.

[240] Ps 18,35.

[241] Chronica fratris Jordani 16 f.; Jordan von Giano. Chronik 66–69. – Feld, Franziskus 303 f. – Siehe auch Anm. 394 und Groll, Franziskaner in Augsburg 50–52.

[242] Fioretti 16. – Erst am 18. August 1289 errichtete Papst Nikolaus IV. (1288–1292) mit der Bulle »Supra montem« den Dritten franziskanischen Orden, die Tertiarier. Franziskus' »Brief an die Gläubigen II« (Franziskus-Quellen 127–135 [Leonhard Lehmann]; siehe oben Anm. 197) wird als erste Drittordensregel angesehen. Zum Charakter einer Regel trägt auch die Kapitelstruktur bei. Die Bezeichnung für den weltlichen Strang dieses Dritten Ordens lautet heute: »Ordo Franciscanus Saecularis« (OFS), dt. Orden der franziskanischen Weltleute. Im deutschsprachigen Raum war die Bezeichnung bis 2012 »Franziskanische Gemeinschaft«. Daneben gibt es aber auch einen regulierten Ordenszweig. Kreidler-Kos/ Kuster, Bruder Feuer und Schwester Licht 268 (»Stammbaum der franziskanischen Familie im deutschen Sprachraum«), 278; Fran-

Die Zugänge waren längst geöffnet durch das Verlangen zahlloser, besonders in religiösen Bruderschaften vereinigter Weltleute, am Geist des Armen von Assisi teilzuhaben, ohne daß sie ihren Stand, ihre Arbeit und Familie verlassen müßten. Demokratische Gegensätze zum Feudalismus, religiöse zu weltfeistem Parasitismus in der Kirche taten das Ihrige zur raschen Ausbreitung der Tertiarier. Es war eine friedliche, aber den Bau der Gesellschaft tief erregende Revolution. Allem Anschein nach ist Hugolins Einfluß auf ihre Entstehung und Entwicklung beträchtlich gewesen; aber Gestalt und Beispiel des neuen Toren in Christo sind ihr Quellgrund und bestimmen ihren gewaltlos mächtigen Fortgang. Er, der Opferer, der nichts wollte als die Einkehr des Reiches Gottes mit allen seinen acht Seligkeiten[243] in die Herzen, erfuhr den strömenden Zulauf aus den Massen aller Gepreßten. Das Banner einer arm gesinnten Kirche, das er und die Seinen ins Volk trugen, wurde ohne Haß und Aufruhr zur öffentlichen Macht. Ihm folgten Bürger und Bauern, Kriegsleute und Handwerker, Knechte und Mägde. Franz mit seinem strengen Sinn für die ständische Ordnung reizte nicht die Unteren gegen die Oberen, hielt sie zur Zahlung ihrer Abgaben an die Grundherren an, versöhnte Städte mit ihrem Burgadel, Hörige mit ihren Herren, auch wenn sie Raubritter waren; aber sein Verbot des Waffennehmens und des Waffeneides, das er den Brüdern und Schwestern der Buße – so hieß im Anfang der Dritte Orden – auferlegte, war ein Stoß ins Herz des Feudalismus. In seinen

ziskus-Quellen 127 (Leonhard Lehmann); https://franziskaner.net/franziskanische-familie/ und https://ofs.de (29. August 2021).

[243] Mt 5,1–12.

Reihen begriff man den Umschwung der Dinge und sprach von Rebellion, während das guelfisch gesinnte Bürgertum ihn als religiöse Sanktion seines freiheitlichen Geistes aufnahm[244].

Es ist niemals vergeblich gewesen, wenn heilige Menschen durch die Überforderung, die sie an sich selber stellten, den erschütternden Ernst des Evangeliums offenbaren. Was sie vermochten oder doch versuchten, nämlich die göttlichen Zumutungen, wie sie in der Religion Jesu Christi an den Menschen ergehen, nach Maß der Menschenkraft und der helfenden Gnade zu erfüllen, diese äußerste Anstrengung, in den Grenzen des Geschöpflichen so vollkommen zu werden wie der ewige Vater im Himmel, führte die Heiligen (und wenige so in geschichtlicher Öffentlichkeit wie Franz) in einen Zustand ihrer gesamtmenschlichen Existenz, der für das Auge des gewöhnlichen Menschen den Charakter des Fremden, Überspannten, ja die Gesellschaft und selbst das Menschenbild Bedrohenden hat. Die zunächst auffallenden Wirkungen des Heiligen, sein Anderssein, sein Konflikt mit dem Urteil des Alltags, seine Mißstellung zu bürgerlichen Formen und Banden, oft auch das leiblich Zerrüttende einer unheimlichen Feuerseele, macht ihn der Umwelt lästig, der Narrheit verdächtig und zieht ihm, wie es gerade den Größten widerfuhr, den Fluch und die Verfolgung ihrer nächsten Mitchristen zu. Aber der Aufruhr des in der Nähe schwer zu ertragenden Brandes, in dem sich Feuer nährt und Holz verzehren läßt, verbreitet über das Entferntere wohltuende Wärme. Der Heilige lebt ja nicht für seinen Tag

[244] Siehe dazu: Felder, Die Ideale des hl. Franziskus 290–296.

und nicht für den Boden seiner Schritte; und wollte er sein Licht unter den Scheffel stellen[245], so wird es eines Tages auch durch den Scheffel brennen. Die fernere Mitwelt und Nachwelt erreicht er früher oder später, ob er will oder nicht. Im stillen warten sie immer auf ihn – daß wieder einer sich gegen die Pforten der Hölle[246] stemme, den Schuldigen der Zeit ihre Kleider wasche im Blute des Lammes[247] und mit äußerster Ichvergessenheit den göttlichen Adel des menschlichen Selbst erneue. Auch wo es nicht eingestanden, ja der Übermensch des Evangeliums im echten Wortsinn niederträchtig verrufen wird, rührt sich immer wieder von selbst, weil ja der natürliche Mensch allein auch nur der eigenen Natur nicht fähig ist und notwendig unter sie hinabsinkt, die Sehnsucht nach dem »Geschlechte derer, die den Herrn suchen, das Antlitz unseres Gottes«[248]. Auch der durchschnittliche Mensch erwartet, wenn ihm Kummertage das Dasein verleiden, erwartet doppelt in Zeiten allgemeiner Erschütterung den Gerechten, den die Himmel tauen[249]. Mag auch, was er redet und handelt, trägt und opfert, den Vielen unerreichbar bleiben, sie fühlen doch, daß er um ihrer aller willen da ist und von

---

[245] Mt 5,15.  [246] Anspielung auf Mt 16,18.
[247] Offb 7,14.  [248] Ps 24,6.

[249] Jes 45,8. – Vgl. das bekannte Adventslied »Tauet, Himmel, den Gerechten« von Michael Denis (1774), das Norbert Hauner – seit 1797 Stiftsdekan des Augustiner-Chorherrenstifts Herrenchiemsee – vertonte (Landshut 1777). Das Lied gehörte zu den insgesamt 31 Liedern im seinerzeit weit verbreiteten sogenannten Landshuter Gesangbuch, das den Titel »Heiliger Gesang zum Gottesdienste in der römisch-katholischen Kirche« trug. Zwei Versionen einer späteren Vertonung desselben Textes durch Hauner befinden sich im Musikalienbestand des Benediktinerinnenklosters Frauenwörth im Chiemsee (FW 58 und 59). Münster, Tauet Himmel.

Gottes wegen den ganzen Menschen wagt. Sein Gelingen ist nicht vergeblich, noch weniger ist es sein Scheitern und Zerbrechen am Übermaß des Erstrebten. Er wird zum Opfer vor Gott für alle, er mehrt die Kraft auch in den Schwächeren und füllt mit seinem Lebensblut die Kelche derer, die nicht seinesgleichen sind, aber in den Zwängen des gemeinen Lebens nach der Gerechtigkeit hungern und dürsten[250].

So hat auch der Dritte Orden des heiligen Franz, so wechselreich und selbst betrüblich seine Geschichte verlief, weit und tief in das Abendland gewirkt. Unter den großen Namen seiner Chronik stehen Ludwig IX. von Frankreich [1226–1270], Elisabeth von Thüringen [1207–1231][251], Dante [Alighieri (1265–1321)][252], [Christoph] Kolumbus [1451–1506], Michelangelo [Buonarotti (1475–1564)] und [Luigi] Galvani [1732–1789][253]. Nachfolge oder doch zur Nachfolge gewillte Bewunderung entzündete sich in Tertiaren vieler Jahrhunderte am Geiste dieses Eroberers für das Reich Gottes. Es war ein Geist von eigener Art, eine Antwort des christlichen Herzens, wie sie vorher und nachher nicht ergangen ist. Denn auch vom Himmel der Heiligen gilt das Apostelwort: Stern ist verschieden von Stern[254].

---

[250] Mt 5,6.

[251] »Wenngleich Elisabeth von Thüringen kein Mitglied des Dritten Ordens war, steht sie exemplarisch für die Männer und Frauen, die sich von Franziskus zu einem strengen Büßerleben inspirieren ließen.« Angelica Hilsebein, Der Dritte Orden. 800 Jahre franziskanische Geschichte in Deutschland – Teil 12 (https://franziskaner.net/der-dritte-orden/) (29. August 2021).

[252] Bernhart, Dante Alighieri, in: Bernhart, Gestalten der Mystik 297–350.

[253] Luigi Galvani, italienischer Arzt und Naturforscher. Züllig, Luigi Galvani 1732–1789.

## 14

Will man diesen »Geist« des heiligen Franz in Einem
Wort befassen, wird sich als bestes, bis an die Wurzel
treffendes nur dies erbieten: Adel[255]. Gerecht besagt es
nicht nur die natürliche Wesensart dieses Menschen
voll *cortesia* [Güte] und *gentilezza* [Liebenswürdig-
keit], sondern überhaupt die Weise, wie er die gesam-
te Wirklichkeit, Gott und jegliches Sein, verstand und
sich zu ihr verhielt. Mag man Tugend an ihm finden
und nennen, welche man will, ihr gemeinsames Be-
seelendes ist der adelige Sinn, die Herzensgröße im
Aufnehmen Gottes, der Welt, des Menschen, wie
auch im Handeln gegenüber dem Höchsten und dem
Geringsten des ganzen Seins.

Je länger, tiefer wir einschauen in das letzte Bewe-
gende dieser Gestalt – das muß vorweg gesagt sein –,
um so zager geht uns jedes Wort ihrer Erklärung hervor; denn nicht nur ist sie, wie jedes Individuum, un-
aussprechlich, sondern das *sanctum aliquid* [gewisse
Heilige][256] an ihr, eine heilige Wirklichkeit, die fremd
und fordernd, wie aus dem Abseits, um nicht zu sagen
Jenseits, in die Zeit hereinbricht, alle gewöhnlichen
Verhältnisse erschütternd – dieses Heilige, in Einem
sowohl ein sanftes Wehen als Sturm und Blitz aus der
Wolke[257], läßt uns im Dunkel, was Natur, was Gnade,
oder was Gnade als Meisterin der Natur ins Werk ge-

---

[254] Nach dem Wort des Apostel Paulus in 1 Kor 15,41 unterscheiden
sich die Gestirne durch ihren Glanz.

[255] Der Begriff meint hier vor allem eine edle, vornehme Gesinnung.

[256] Anspielung auf Tacitus (Germania 8): »*sanctum aliquid et pro-
vidum*« (irgendetwas Heiliges und Voraussehendes in Bezug auf die
germanischen Frauen).

setzt habe. Weil aber der Heilige auch Charakter und geschichtlicher Austrag dieses Charakters ist, erlaubt und verlangt er unser Aufmerken auf seinen natürlichen Bau. Wenn vieles Unauflösliche dabei übrig bleibt, so teilt sich der Heilige selbst in unsere Verlegenheit; denn befragt nach dem Ursprung dessen, was in ihm vorgeht, wird er sein Unzulängliches sich selber, das andere aber dem unwiderstehlichen Antrieb der gnadenden Kraft von oben zuschreiben. Dieses Gefühl des Abhangens von einer höchsten, unbedingten, aber alles bedingenden Wirklichkeit in Person, verblieb auch in dem Jungherrn von Assisi, nachdem ihn die Krankheit geheilt hatte, als dauernde Frucht seines feudalen Blütentraums. In ihm übertrug sich das Lehnsideal seiner Zeit auf das innerste Verhältnis des Menschen zum Herrn aller Zeit und Ewigkeit: ihm war es zubestimmt, eine vergängliche irdische Ordnung wahrhaft zu verewigen und also Geschichte hinweg vom Fluchtweg aller Geschichte in ihrem letzten Sinn, dem Reiche Gottes, zu bergen.

Für Franz ist Religion ein Verhältnis von Adel zu Adel. Sie weiß nichts von dem niederen »Ich gebe, damit Du wieder gibst«[258]. Der Herr ist der gute Herr[259]: der Herr, aber gut; gut, aber der Herr. *Gustate, et videte, quoniam suavis est Dominus ... Timete Dominum*[260]. Wahrlich der Herr: weil der freie Schöpfer von allem und alles beherrschend zum Wohle des Be-

---

[257] Vgl. z.B. Ex 19,16; 1 Kö 19,11 f.; Jer 10,13; Hiob 37,4.11.

[258] Es ist das römische Prinzip »Do (tibi), ut des«. Paulus, in: Corpus iuris civilis, Digesten 19.5,5.

[259] Zu Beginn des Sonnengesangs (1) bezeichnet Franziskus Gott als »guten Herrn«; vgl. Ps 23.

[260] Kostet und seht, wie gütig der Herr ist ... Fürchtet den Herrn. Ps 34,9 f.

herrschten. Diesem Herrn geziemt nur ein Dienst aus ähnlicher Tiefe des Adels. Ihn zu leisten, ist die Sache der geistigen und also freien Kreatur, die auch im Namen der unteren, zu ihrer Verfügung gestellten, ihn leisten soll. Eben die Würde des Menschen ist es, die ihn zum Dienst an Gottes Ehre verpflichtet; hinwieder ist dieser Dienst die vollkommene Erfüllung seiner Würde. In der Mahnung an alle Brüder schreibt der Heilige: »Hab acht, o Mensch, in welcher Herrlichkeit (*excellentia*) dich Gott gegründet hat. Denn auf das Bild seines lieben Sohnes schuf er und formte dich dem Leibe nach, zum Gleichnis seiner selbst dem Geiste nach«[261]. Also schon die gottförmige Wesenheit des Menschen soll ihn bestimmen, sich und das Seine dem Schöpfer anheimzugeben. Weil wir alles empfangen haben, alles zu Lehen tragen, muß sich unser ganzes Leben und Wirken von Eigentum in jeglichem Sinn befreien. Wir sind in allem nur Verwaltende, und letzter Adel des Menschen liegt im »Erstatten« an den Herrn.

Erstatten bis zum äußersten – man wird diesen Intrieb in allem wiederfinden, worin uns Franz als bezeugte Gestalt entgegentritt. Er übt es selbst, er verlangt es von denen, die ihm folgen, er verlangt es schließlich von der ganzen menschlichen Verwaltung. Ist dieser Gedanke nichts Neues, so immerhin die persönliche Stoßkraft eines Trägers, der den unbegreiflich hohen Adel des göttlichen Lehnsherrn nur in der letzten Entäußerung des Lehnsmannes gebührlich beantwortet glaubt. Auch die Kreuzfrömmigkeit der

[261] Ermahnungen V 1, in: Franziskanische Quellenschriften 1 102 (Franziskus-Quellen 48 [Leonhard Lehmann]); vgl. Gen 1,26.
[262] Vgl. 1 Kor 13,8.

Zeit, ein mystisches *commercium* [Gemeinschaft] mit dem Gottessohn am frei und hingebend erwählten Holz der Erniedrigung, vollends das unerschütterliche Bewußtsein eines ausdrücklich vom Kreuz ergangenen Befehls taten das Ihrige, um dem Erstatter eine Genugtuung aufzuerlegen, die sich im Hinblick auf die unendliche Güte des Herrn nie genug tun konnte. War die Liebe von drüben einmal so empfunden, wie Franz sie kraft schon seiner natürlichen, wahrhaft verschwenderischen Liebesfähigkeit empfand, so sah er sich in die Liebesnot aller derer versetzt, die das Maß der Liebe im Lieben ohne Maß gefunden hatten. Nicht in diesem oder jenem sich überspannenden Einzelmenschen stellt die Liebesnot sich ein, sondern weil das *plus et plus amare*, das Immer-noch-mehr, das Tiefer und Tiefer im Wesen der Liebe liegt, ist Liebe Not in sich selbst. Von Natur sich selber nie genug, verzehrt sie den Ergriffenen, und also ist sie, ohne im eigentlichen Sinne Tugend zu sein, weil Tugend immer sich wider die Gefahr ihres Gegenteils behaupten muß, stärker als der Tod[262]. Denn sie achtet in ihrem Mehr und Mehr auch des Sterbens nicht, und sie weiß sich, wann und wie der Tod auch kommen mag, noch immer nicht an ihrem Ziel und Ende. Ihr gerechtes Gleichnis ist das Feuer, das sein Holz, aus dem es brennt, von dem es brennend doch hinweg und um sich strebt, verzehrt.

»Seraphisch ganz an Gluten«[263] begreift der Heilige in seine Gottleidenschaft alles Geschöpfliche als Ebenbild oder doch Zeichen des Schöpfers ein. Von

---

[263] Nach Bonaventura war Franziskus »ganz von seraphischer Glut entflammt«. Bonaventura, Legenda maior Vorwort 1. – Die drei Gefährten berichten im Kontext der Stigmatisation, dass Franziskus

ihm her ist es da, und also der Ehre würdig; zu ihm, den alle natürliche Neiglichkeit meint, will es heimgefördert werden. Hierin ist schon ausgesprochen, wie sich Franz zur Kreatur verhält, wie zum kulturellen Weltgebrauch des Menschen. In beiden hat er sich, zumal vor den Geschlechtern, die das Kreuz aus den Augen verloren oder verworfen haben, einem Mißverständnis ausgesetzt. Fehl am Ort ist ein Beifall, als hätte dieser Mensch des zartesten Herzens, wenn er ein Tier an seiner Brust barg oder den Vögeln Nester baute, die Natur als Natur mit der Liebe geliebt, die an ihr das Letzte, Einzige, Beste zu haben glaubt. So war es nicht; ihm ist Naturliebe dieses Sinnes späterer Zeiten fremd[264].

Den Mann der fühlsamsten Neigung zu den stummen und rufenden, den leblosen und atmenden Zeichen des Erschaffers packt auch der Schrecken über das Verhängnis der Wechselzerstörung unter den Dingen. Wie andere Erstürmer des Gottesreiches selber oft gepeinigt von sinnlich empfundenen Anfällen der Dämonen, zahlt auch er, wie es Naturen von seiner Liebeskraft unausweichlich ist, dem dunklen Reiche seinen Teil. Ihn, den zärtlichsten Liebhaber jenes Tie-

»durch die seraphische Glut seiner Sehnsucht zu Gott emporgetragen wurde«. Drei-Gefährten-Legende 69. – Von der »göttlichen Glut« im Heiligen bzw. von der »Glut seines Herzens« usw. ist auch die Rede bei Jakob von Vitry. Brief 6,260, in: Huygens, Lettres de Jacques de Vitry 132; auch in: Franziskus-Quellen 1536 f. hier 1537 (Thomas Morus Huber/Leonhard Lehmann); Hinnebusch, The Historia Occidentalis of Jacques de Vitry 32. – 1 Celano 6, 11, 48, 84, 93, 120; 2 Celano 37, 95; Drei-Gefährten-Legende 12, 17, 21, 39, 69; Celano, Mirakelbuch 6; Bonaventura, Legenda maior I,5, IV,4, V,4.9, IX,2.3.7.8, XIII,2.3.7, XIV,1; Bonaventura, Legenda minor, Tag VI, 1. Lesung.

[264] Feld (Franziskus 215) formuliert dies so: »Das Verhältnis des

res, das ihm allerwegen durch das Lamm von Golgatha mit sonderlicher Weihe versehen schien, ergreift die selber dämonische Wallung des Ingrimms auf ein anderes Tier aus nicht anderer Schöpferhand. Über die Sau, die nachts im Stalle ein Lämmchen zutod gebissen hat, ergeht am Morgen seine Verfluchung mit solcher Kraft des Verderbens, daß die schuldlos schuldige Würgerin nach quälender Sucht verendet und als gemiedenes Aas im Klostergarten eindorrt[265]. Dieser Vorfall, glaubhaft gerade durch sein Düster im Kranze der lieblichen Erzählungen, zeigt den Heiligen in denselben Wirbel einiger Uneinigkeit hineingerissen, als die uns alle geschaffene Wirklichkeit zum Geheimnis aufgegeben ist. Wollte man Abersinn und Widerspruch dieses fluchenden Jüngers des Gotteslammes[266] durch die Auskunft schlichten, daß er sinnbildlich die Unschuld gerächt habe, so wird es auf die Frage, wo hier denn Schuld zu sühnen war, nur die Antwort des Schweigens geben. Ein Tier ohne Verdienst erliegt einem Tier ohne Mißverdienst, und ein Mensch verstürzt sich im Eifer der Gerechtigkeit in Ungerechtigkeit. Er liebt Natur, er haßt Natur – er handelt im Namen der inneren Gegendränge aller Schöpfung, ist

Franziskus zur Natur, das sich etwa im Reden mit den Tieren, der Vogelpredigt zeigt, hat überhaupt nichts mit ›Begeisterung‹, ›Schwärmerei‹, ›Überschwenglichkeit‹ in romantischem oder modernem Verständnis zu tun.« – Die Vorstellung, dass die ganze Welt durch Christus erlöst ist, ist nicht neu bei Franziskus. Sie findet sich schon in der Bibel und bei den Kirchenvätern. Siehe zu dieser Thematik bei Franziskus ausführlich: ebd. 215–234.

[265] 2 Celano 111; Bonaventura, Legenda maior VIII,6.

[266] Zur Liebe des heiligen Franziskus zum Gotteslamm siehe: Bonaventura, Legenda maior VIII,7.

Lamm dem Lamme, Verderber seinem Verderber und bewegt sein eigenes Herz im Zirkel der Natürlichkeit, die den Prägungen des Lieblichen und des Häßlichen mit Ja und mit Nein erwidert. Im ungebrochenen Einklang mit der Natur, die mit sich selbst im Zerwürfnis ist, scheint denn auch dieser Fluchende, in dem die Macht seiner Liebe und seines Zornes einander bestätigen. Aus Liebe zu einer Kreatur ergrimmt er auf ihre Vernichterin, Kreatur wie die andere, bis zu ihrer Vernichtung[267].

Seine innige Teilnahme am Geschöpflichen ist einbeschlossen in seiner Andacht zum Schöpfer. In jedem Werke des Vaters quillt die ewige Liebe, die gleiche, die auch ihn, den Sohn des Bernardone, ans Licht gerufen und in Gnaden heimgesucht hat. Sonne, Feuer, Wasser, der Boden, den er betritt, machen ihm die Gegenwart des Einen Herrn empfindlich, in welchem all sein Erschaffenes so verschwistert ist, daß die zarte Anrede Brüder und Schwestern an Blume[268], Bach und das singende Volk in den Lüften natürliches Echo auf die Eine Liebesmacht ist, der in jedem Augenblick und jedenorts das All der Dinge entspringt. Erstattende Gegenliebe nimmt die Kreatur in Hut und Pflege, sie trägt den Wurm aus der Gefahr des Weges[269], sie ehrt im Wassertropfen, der beim Händewaschen nie-

---

[267] Siehe zu dieser Thematik auch: Vauchez, Franziskus 325–337; Leppin, Franziskus 172–186. Allgemeine Betrachtungen zu »Mensch und Tier in der Legende« finden sich bei: Bernhart, Heilige und Tiere 9–40. Siehe zur Thematik auch: Bernhart, Die unbeweinte Kreatur.

[268] Siehe dazu auch: Papst Franziskus, Laudato si', Nr. 11.

[269] 1 Celano 80; 2 Celano 165. Franziskus deutete Ps 22,7 christologisch und betrachtete deshalb den Wurm als Symbol für den am Kreuz sich vor Schmerzen windenden Erlöser.

derfällt, das Element der Lauterkeit, das rein ist und reinigt, sie fordert die Sonne zum Wettgesang mit den Psalmen des Menschenherzens auf.

Was sollte Kultur, der ganze Weltgebrauch des forschenden, bildenden, gestaltenden Geistes, anderes denn Erstattung – *restitutio ad Dominum*[270] – sein! Aber hat sie irgend Raum in Franzens Kopf und Herz? Er verkündigt Weltverachtung, so schroff wie je ein Wüstenmönch oder Prediger, und sein Verlangen nach Entäußerung steigert sich bis zur Gefahr, so als müßten der Mensch und die Menschheit an Gott zu Ende kommen, um Gott genug zu tun. Vielleicht um dieser Gefahr willen, einer religiösen Seinsnot, die den Mystiker, zuweilen auch den Moralisten (so Tolstoi)[271] immer wieder befällt, hat ihm die Kirche den Weg vertreten, weil eine franziskanische Masse nicht aus lauter Francisci bestehen könnte und ein Volk von lauter Francisci alle sozialen Gefüge und auch die Kirche, sofern sie Gesellschaft ist, ins Wanken gebracht hätte.

Spricht man in dieser Hinsicht von der Tragik des Heiligen, so ist sie dieselbe, ja noch erregender, auf Seiten der Kirche. Ihr sind große Heilige auch zur großen Last geworden, und nur ein seichter Blick für geschichtliche Dinge wird hierauf mit seichtem Spott antworten. Das Gesetz der Bewahrung bis auf den Tag

---

[270] Franziskus spricht häufig davon, dass man Gott alles Gute zurückerstatten müsse. So bei Ermahnungen VII,4, XVIII,2; Nicht bullierte Regel XVII,17.

[271] Vgl. Lew Nikolajewitsch Graf (Leo) Tolstoi (1828–1910) in einem Brief an Afanassi Afanassjewitsch Fet (bedeutender russischer Dichter) vom 17. Oktober 1860. Erich Berneker, Leo Tolstoi, Hamburg 2013, 51–53.

des Endes, der nicht ihrer Verfügung anheimsteht, streitet mit dem andern ihr notwendigen Gesetz der Bewegung. Beides ist ihr vom Evangelium geboten: das Stehen und Halten wie ein Bau, das Wachsen und Sichentwickeln wie eine Pflanze. Nach jenem schuldet sie eherne Treue dem Wort, das nicht vergehen wird, auch wenn Himmel und Erde vergehen[272], nach diesem muß sie Freiheit lassen dem Geist, der weht, wo er will, man weiß nicht woher und wohin[273]. Da sie die Kirche des menschgewordenen Gottes ist, ist sie göttlich um der Menschen willen, und weil sie ebenso, wie sie Kirche Gottes zu den Menschen hin, auch Kirche der Menschen zu Gott hin ist, obliegt es ihr, das Walten Gottes im und durch den Einzelmenschen eben als Walten des gleichen Heiligen Geistes zu ehren, von dem sie sich erfüllt und geführt weiß. Es ist eine Weise dieses Erfüllens und Führens, daß erwählte Menschen in der Nachfolge Christi zu der Kirche, auf die sie ihres Herrn wegen hören, ihres Herrn wegen auch reden. Die Antwort der Kirche aus dem Munde ihrer Amtsträger hat zur letzten Richtschnur ihr eigenes, aus Offenbarung und Überlieferung empfangenes Wahrheitsgut und hat als solcherweise gebundene die Geltung göttlichen Urteils. Aber zu Lebzeiten eines religiös bewegten und die Öffentlichkeit bewegenden Menschen spielen auch Gründe der Klugheit, der Rücksicht auf das Ganze, nicht selten leidig menschliche Motive, um den Heiligen zu entwaffnen oder ihm das Schwert zu stumpfen.

---

[272] Mt 24,35.      [273] Joh 3,8.      [274] Joh 1,11.

[275] Joh 18,36.      [276] Fleischgewordenen Wortes. Joh 1,14.

[277] Jes 57,16; Mt 13,33; Lk 13,20 f.; 1 Kor 5,6; Gal 5,9.

Dann hat es den Anschein, als wollte die Kirche nicht bei ihrem Wort genommen sein, das im Grunde doch das Wort des Evangeliums ist. Oder ist es mehr als nur Anschein? Entspricht der Tragik des Heiligen, der wie der Herr selber in sein Eigentum kommt und nicht aufgenommen wird[274], die ebenso wirkliche Tragik der Kirche, die nicht weniger mit der Welt, die sie retten und bewahren soll, zu rechnen hat als mit dem Reiche, das nicht von dieser Welt ist?[275] Darf sie Mensch und Menschheit vergehen lassen in der Weltverachtung, an den Weltverächtern, die sich auf das gleiche Evangelium berufen, von dem ihr selber das Werk des Erlösers zur Vermittlung an die Welt übermacht ist? Kann jemals im Äon des *Verbum caro factum*[276] das Prophetenwort außer Kraft treten, Gott wolle nicht, daß vor ihm der Geist des Menschen hinschmachte, den Er doch geschaffen hat? Ist nicht das Himmelreich um der Welt, der Sauerteig um des Mehles willen und die Kirche das Weib des Gleichnisses, das ihn einmengt, um alles zu durchsäuern?[277]

Wir stehen vor dem Geheimnis des Reiches Gottes selbst, einem in der Zeitlichkeit offenen Zwiespalt, der nicht behoben wird, wenn er geleugnet wird[278]. Im Wirbel dieses Gegensatzkampfes von Irdisch und Ewig, des Reiches nicht von dieser[279] und doch für diese Welt findet sich Franz von Assisi, aber mit ihm zugleich die Kirche. Er treibt es mit sich bis zur Selbstopferung für den Herrn und das Reich, er tut es in kindlichem Anschluß an die Kirche, die Kirche

---

[278] Siehe zur Reich-Gottes-Thematik: Böttigheimer, Die Reich-Gottes-Botschaft Jesu.

[279] Vgl. Joh 18,36.

hört ihn, ehrt ihn, fördert sein Werk, aber sie nimmt dieses Werk, als es dem Ganzen gefährlich zu werden droht, in ihre Hand und mengt es als Sauerteig in ihre drei Schüsseln Mehl[280]. Franz hat das Evangelium erfüllt, die Kirche hat es auch erfüllt.

Franz hat das Vollkommene getan, das nicht von allen verlangt wird, weil es »bei den Menschen unmöglich«[281] ist; die Kirche hat ihn ertragen, sein Werk gepflegt bis an die Grenze, wo es ihr nötig schien, das gemeinhin Menschenmögliche, das genug ist, »um das ewige Leben zu erlangen«[282], in ihren Schutz zu nehmen[283]. So hatte Jesus selbst die Forderung an alle, durch das Halten der Gebote ins Leben einzugehen, nicht der Überforderung geopfert, die nur »bei Gott« erfüllbar ist[284]. Was er von seinen Jüngern im engeren Sinne verlangt, die vollkommene Nachfolge der Gottesreichboten, übersteigt das Gebot an die Vielen, ohne diese selbst zum Gleichen zu verpflichten oder ihre Stufe der Reichsverwirklichung zu entwerten.

Man kann die Tragik des geheimen Konflikts zwischen Franz und Kirche dem dauernden Zwiespalt von Individuum und Gemeinschaft zurechnen; tiefer gesehen entspringt sie der Seinsnot des Menschlichen überhaupt, das seiner Gottebenbildlichkeit, ihrer ein-

---

[280] Mt 13,33; Lk 13,20 f.

[281] Mt 19,26.

[282] Vgl. Mt 19,16–19.

[283] Feld (Franziskus 1) formuliert diesbezüglich noch drastischer. Für ihn ist Franziskus »die bedeutendste Gestalt der christlichen Religionsgeschichte seit Jesus selbst. ... Aus der von Franziskus und an ihm entzündeten Bewegung hätte, unter anderen geschichtlichen Umständen, leicht eine neue, von dem damaligen Christentum verschiedene und über es hinauswachsende Religion ent-

mal bewußt geworden, nicht zu genügen weiß. Im Namen Ungezählter hat es Augustinus ausgesprochen: Ich erschrecke, weil ich Ihm unähnlich bin, ich erglühe, weil ich Ihm ähnlich bin[285]. In dem einen Gefühl hat Franz der Büßer, der Leidende, Opfernde sich vernichtigt, in dem andern hat der Anerbe des göttlichen Lebens liebend und singend sein und aller Dinge Dasein als ein Fest gefeiert. Er lebte diese Gefühle nicht im Wechsel von auf und nieder, heute und morgen, sondern eins im andern, und der Höhe und Tiefe umspannende, dem Mangel und Reichtum des Menschen gerechte Ausdruck war ihm die jubelnde Armut. Armut, die sich's, weil alles Göttliche in der Leiblichkeit enden soll, nicht bei der inneren genug sein ließ, befähigte ihn, die hingegebene Welt als reines Geschenk des erbarmend aus dem Nichts sie rufenden Schöpfers neu wie in erster Herrlichkeit zu empfangen. In der freien Nachbarschaft des Nichts überfiel ihn beseligend das Wunder, daß nicht überhaupt nichts ist, und das geringste Etwas, jegliches ein Zeichen der Liebe, die will, daß nicht nichts ist, erzeugte ihm in Dank und Preisung überwallende Gegenliebe. Es ist so, wie Meister Eckhart [um 1260–1327/28] von ihm sagt: Je ärmer der Mensch im Geiste, je mehr ist er losgeschieden und achtet für nichts alle Dinge;

stehen können.« Er betont zugleich, dass Franziskus sich selbst ganz eng an den Papst binden wollte. »Aber ebenso wie er in seinem Streben nach der vollkommenen Angleichung an Jesus nicht einfachhin zu einem ›zweiten Christus‹, sondern auch zu einem ›anderen Christus‹ wurde, so enthält das Franziskanertum religiöse Ideen, die über das, was im traditionellen mittelalterlichen (und heutigen) Christentum gedacht und geglaubt wird, hinausgehen.«

[284] Mt 19,21–26.

[285] Augustinus, Confessiones XI 9,11.

je ärmer er im Geiste ist, um so mehr sind alle Dinge sein eigen[286]. Nachdem er das Haben im gemeinen Sinn des Besitzes als Gefahr des Seins erkannt und die Tiefe des »Ich bin«, wie der Christ es sollte sprechen können, ermessen hatte, ist ihm ein Weniger und Weniger ein Mehr und Mehr geworden; je völliger er das zeitliche Ich dem ewigen Selbst geopfert hatte, um so mehr erwahrte sich auch an ihm: »Ich bin mit Christus gekreuzigt. So lebe nun nicht mehr ich, sondern in mir lebt Christus«[287].

## 15

In seinen letzten Jahren wurde dem Heiligen »die Kraft vollendet in der Schwachheit«[288]. Die Berichte darüber versagen uns den vollen Einblick in den Zustand seines Gemüts. Immerhin, das Tatsächliche, das sie vorbringen, genügt zu sicheren Folgerungen von außen nach innen. Schmerzen an Leib und Seele gehen mit hymnischem Jubel ineinander. Die Schat-

---

[286] Siehe: Meister Eckhart, Reden der Unterscheidung: Von den inneren und äußeren Werken (Von den werken innerlich und ûzerlich). Pfeiffer, Meister Eckhart 573–578; Meister Eckehart, Deutsche Predigten und Traktate 94–100.
[287] Gal 2,19 f.    [288] 2 Kor 12,9.    [289] 2 Kor 9,7.
[290] »Bis 1220 hatte Franziskus wohl gehofft, dass diese ›Verbesserungen‹, die dem Schriftstück von 1209 hinzugefügt wurden, den Minderbrüdern ermöglichen würden, eine Regel zu vermeiden, die in seinen Augen den Nachteil hatte, den Geist in einem Text erstarren zu lassen und seine Bewegung den anderen religiösen Orden anzupassen. Nach seiner Rückkehr aus dem Orient verstand er aber bald, dass er sich dem Drängen der Kurie nicht länger entziehen könne.« Vauchez, Franziskus 138. – Der von Franziskus verfasste Text, der viele Ermahnungen und Verhaltensregeln, aber auch geistliche Betrachtungen enthielt, und zu dem die Brüder auf den Kapiteln beitrugen (abgeschlossen auf dem Pfingstkapitel 1221), er-

ten um ihn her werden ihm tiefer, das innere Licht
noch heller und süßer. Ein Wort des Apostels, über
die Gebefreudigkeit einer notigen Gemeinde gesprochen[289], erschlösse wohl am besten das Geheimnis-
reiche dieser Doppelfühlung mit Himmel und Erde.
Angewendet auf Einen kann es lauten: In vieler Lei-
densprüfung hat das Übermaß seiner Freude und die
abgrundtiefe Armut sich ergossen in dem Reichtum
seines hinschenkenden Herzens.

Als im Winter 1223 in erregter Auseinandersetzung die Regel ihre endgültige Form gewonnen hatte[290], wanderte Franz, von Dämonen geplagt, ins Rieti-
Tal zu den Brüdern. Mit ihnen feiert er zwischen den
wilden Sabinerbergen im nächtlichen Walde, den die
Fackeln der hergeströmten Menge erhellten, bei Krippe, Ochs und Esel das Weihnachtsfest und predigt, so
übermannt, daß ihm der Name Jesus nicht über die
Lippen will, von der Liebe Gottes in seiner Herab-
kunft zum Menschen[291]. Im Wechsel der Aufenthal-
te bleibt ihm nur das Apostolat des Beispiels und der

hielt nicht die päpstliche Approbation, weswegen der Text als »Regula non bullata« (Franziskus-Quellen 69–93 [Leonhard Lehmann])
bezeichnet wird. Der neue, strengere und prägnantere Text erhielt
die Billigung durch Papst Honorius durch die Bulle »Solet annuere«
(29. November 1223), die die ganze Regel enthält (Regula bullata –
Franziskus-Quellen 94–102 [Leonhard Lehmann]). Während Vauchez (Franziskus 139) stärker betont, dass die Regel von 1221 die
eigentlichen Vorstellungen und Grundanliegen des Franziskus wi-
derspiegelt, wird in Kreidler-Kos/Kuster (Bruder Feuer und Schwester Licht 154) deutlich hervorgehoben, dass die neue Regel nicht
einfach als »Resultat klerikal-kurialer Entfremdung« gesehen werden darf, sondern vielmehr »als tragende Grundlage eines Ordens,
der sich auf den Weg in neue Kulturen und in neue Generationen
machte.« – Siehe zu dieser Thematik auch die Ausführungen in:
Kreidler-Kos/Kuster, Bruder Feuer und Schwester Licht 152–155;
Vauchez, Franziskus 138–140; Feld, Franziskus 11–13.

schriftlichen Ermahnung; denn manches ist noch zu sagen, was in die Regel nicht eingegangen ist. Mit erlöschenden Augen, zerrieben von vieler Krankheit und wenig schlafend, bald nur im Sitzen, bald in halbwacher Rast auf Holz und Stein, zieht er herum, von bösen Gesichten gequält, von himmlischen erquickt, oder liegt in finsteren Hütten – »betend, vielmehr selbst Gebet geworden«[292].

Es ist kein Zweifel, daß in Franzens Lebensgeschichte, wie sonst bei Heiligen, zwischen Heiligkeit und Krankheit ein Zusammenhang bestand[293]. Was nun hierin als Ursache, was als Wirkung anzusehen

[291] 1 Celano 84–86 (dt. Franziskus-Quellen 249–251 [Johannes-Baptist Freyer]): Franziskus an Giovanni Velita von Greccio, einen vornehmen Herrn: »Ich möchte nämlich das Gedächtnis an jenes Kind begehen, das in Bethlehem geboren wurde, und ich möchte die bittere Not, die es schon als kleines Kind zu leiden hatte, wie es in eine Krippe gelegt, an der Ochs und Esel standen, und wie es auf Heu gebettet wurde, so greifbar als möglich mit leiblichen Augen schauen.« Alles wurde nach den Wünschen von Franziskus arrangiert und »aus Greccio wird gleichsam ein neues Bethlehem. ... Oft wenn er Christus ›Jesus‹ nennen wollte, nannte er ihn, von übergroßer Liebe erglühend, nur ›das Kind von Bethlehem‹, und wenn er ›Bethlehem‹ aussprach, klang es wie von einem blökenden Lämmlein. Mehr noch als vom Worte floss sein Mund über von süßer Lieb« (250 f.). – Zu diesem »Weihnachten in Greccio« siehe: Kreidler-Kos/Kuster, Bruder Feuer und Schwester Licht 155–158.

[292] 2 Celano 95. – Vauchez (Franziskus 159) überschreibt das Kapitel über die Jahre 1223/1224 mit »Prüfungen und Versuchungen« und führt dazu aus: »In seinen Augen verwandelte sich seine Gründung von Tag zu Tag mehr in einen religiösen Orden, der vor allem um kurzfristige apostolische Wirksamkeit besorgt war, selbst wenn dafür auf manche Aspekte der ursprünglichen Lebensweise verzichtet wurde, die nun überflüssig oder hinderlich zu sein schienen. ... Er war fassungslos, wenn er merkte, dass ihn manche aus der Ordensleitung mit einer gewissen Herablassung betrachteten, sobald er sie daran erinnerte, dass ihre eigentliche Berufung darin bestand, dem armen und leidenden Christus nachzufolgen.« Ebd. 163. – Dies wird auch deutlich in Franziskus' »Diktat von der wahren Freude«

sei, darüber gibt es verschiedene Meinung, und jede hat ihre guten Gründe. Aber nur Torheit oder Schlimmeres wird aus dem bloßen Zusammenhang folgern, daß Heiligkeit, weil so oft von Erschütterung der Gesundheit begleitet, selber als Krankheit gelten müsse: so als machte Gesundheit allein schon den vollen Wert des Menschen aus (schön und auch gut wollten die besten Griechen ihn sehen[294]). Unter den großen Gestalten der Geschichte sind die Kerngesunden viel rascher gezählt als die anfälligen, schadhaften, ja gebrechlichen Naturen. Was diese, was sonderlich die Heiligen betrifft, so wird eher das dritte Urteil gebo-

(Franziskus-Quellen 56 f. [Leonhard Lehmann], dramatisch ausgestaltet auch in: Fioretti 8 [ebd. 1359–1361] – siehe diesen Text unten S. 162–164). Im »Diktat von der wahren Freude« beschreibt er, dass es nicht die wahre Freude wäre, wenn beispielsweise sämtliche Prälaten jenseits der Alpen, die Erzbischöfe und Bischöfe, sogar der englische und französische König in den Orden eintreten würden, oder alle Ungläubigen bekehrt werden könnten. Die wahre Freude bestünde vielmehr darin, wenn er im eisigen Winter mitten in der Nacht schmutzig, frierend und blutend zur Portiuncula zurückkehren würde, vom Pförtner – trotz Namensnennung – mit der Begründung abgewiesen würde: »Du bist ein einfältiger und ungebildeter Mensch. Du kommst auf keinen Fall zu uns. Wir sind so viele und von solcher Art, dass wir dich nicht brauchen.« Selbst die Erinnerung, ihn um der Liebe Gottes willen aufzunehmen, würde nicht helfen. Franziskus würde weggeschickt werden. Bruder Leo erklärte er nun die wahre Freude: »Ich sage dir: Wenn ich Geduld habe und mich nicht aufrege, dass darin die wahre Freude ist und die wahre Tugend und das Heil der Seelen.« (Zitate: Franziskus-Quellen 57 [Leonhard Lehmann]). Lehmann (Franziskus-Quellen 56) datiert den Text auf den Herbst 1220. – Siehe dazu auch: Vauchez, Franziskus 163 f.; Kreidler-Kos/Kuster, Bruder Feuer und Schwester Licht 160–162 (mit einer Interpretation, die hervorhebt, dass die zentrale Aussage dieser Geschichte darin liegt, in allen Situationen »aus innerstem Frieden [zu] reagieren.« Ebd. 162).

[293] Siehe dazu: Bernhart, Heiligkeit und Krankheit. – Franziskus war seit dem Beginn seiner Bekehrung kränklich (vgl. Legenda Perusina 106). Feld, Franziskus 283.

ten sein: es lag vorweg bereits in der Konstitution ihrer Ganzheit ein Gesetz, nach dem ihr Werdeziel, das sie wollten, weil es mit ihnen gewollt war, auf Kosten ihrer stofflichen Seite sich verwirklichte. Man kann es, zutreffend für die Welt der Natur wie des personalen Geschöpfes, in das Wort eines deutschen Mystikers fassen: soll ein Ding etwas werden, was es noch nicht ist, so muß es dem entwerden, was es ist[295]. Es geschieht da ein Negatives um eines Positiven willen: das Weizenkorn muß zerrüttet werden, um vielfältige Frucht zu tragen[296]. Ein solcher Heilssinn des Negativen, der Krankheit, auch der seelischen Stö-

---

[294] Siehe dazu: Bernhart, Metaphysik und Formideal des Leibes in der griechischen Antike; ders., Der Leib und sein Recht, bes. 11–16. – Der in der Allgemeinheit häufig zitierte Ausspruch »*mens sana in corpore sano*« spiegelt indes nicht die in der Regel damit assoziierte Vorstellung wider, dass ein gesunder Geist (nur) in einem gesunden Körper wohnt. Vielmehr entstammt dieser Satz einer Juvenal-Satire (X 356) mit dem Wortlaut: »*orandum est ut sit mens sana in corpore sano*« (man muss darum beten, dass ein gesunder Geist in einem gesunden Körper ist). Juvenal (1./2. Jh. n. Chr.) verwendet diesen Vers im Zusammenhang mit der römischen Opferpraxis. Juvenal drückt damit seine Kritik an Mitbürgern aus, die ihre Götter anrufen, um Konkretes zu erbitten (z.B. eine Ehe). Seiner Ansicht nach wüssten die Götter sehr gut, was die Menschen wirklich brauchten. Falls der Mensch aber unbedingt etwas von den Göttern verlangen wollte und dafür Opfer darbringen würde, dann müsste er für einen gesunden Geist in einem gesunden Körper bitten. Daneben schlägt er auch vor, um einen Geist zu bitten, der frei von Todesfurcht und Begierde ist (VV. 346–362). Für die Echtheit dieser Juvenal-Stelle: Christine Schmitz, Juvenal (Studienbücher Antike 16), Hildesheim-Zürich-New York 2019, 206 f.

[295] »Soll ein Ding etwas werden, was es noch nicht ist, so muß es dessen entwerden, was es ist«. Am fünften Sonntag nach der heiligen Dreyfaltigkeit. Die zweyte Predigt (Nr. 81). Tauler, Predigten. Nach den besten Ausgaben und in unverändertem Text in die jetzige Schriftsprache übertragen 276.

[296] Joh 12,24.

rung, den ältere Zeiten nicht so verkannten wie spätere durch ihre Denunziation der Heiligen, war diesen selber Grund genug, die Krankheit gelassen, mit Zustimmung, ja freudig an- und aufzunehmen. Sie zu suchen, ist ein Abweg, ist es immer gewesen, und asketische Überspannung – auch Franz hat wenigstens andere davor gewarnt – ist von vielen als eigenmächtiger Eingriff ins Verfügungsrecht des Schöpfers bereut worden. Das besagte aber nichts gegen die allgemeine Erkenntnis aus der Erfahrung, die Hildegard von Bingen [1098–1179][297] zu dem Urteil bestimmte: Gott pflege nicht im gesunden Leibe Wohnung zu nehmen[298]. Für den christlichen Glauben ist ja die irdische Seinsweise des Menschen nicht die letzte, sondern, wie alle Schöpfung, im Wandel auf einen Zustand hin begriffen, in dem sie das Urbild, das der Schöpfer von ihr hegt, vollkommen erfüllen soll. Dieser für unsere zeitliche Anschauung unabsehbare Vorgang setzt eine Wirkkraft voraus, die früher und höher liegt, als alles den Naturdingen eingelegte Gesetz der Bewegung, der Veränderung im Werden und Vergehen. Darein beschlossen ist auch eine im höchsten Sinn gesunde Weise, krank zu sein.

Der Mensch zumal wird sich bewußt, daß der Name Natur sein Wesen nicht erschöpft, als Christen aber weist ihn seine Überzeugung auf ein Reich von freien,

---

[297] Bernhart, Gestalten der Mystik 109–130.

[298] »Denn das ist der Preis, wie St. Hildegard schreibt: ›Gottes Wohnung pflegt nicht in einem starken gesunden Leibe zu sein‹, und wie St. Paulus sprach: ›Die Tugend wird vollbracht in der Schwachheit.‹ (2 Kor 12,9)« So nach einem Zitat in Johannes Taulers Predigt »*Ascendit Jhesus in naviculam que erat Symonis*«. Tauler, Predigten. Übertragen und eingeleitet von Walter Lehmann II 179–186, das Zitat 185.

nicht der Natürlichkeit entstammenden Ursachen hin, die so auf ihn wirken, in ihm und mit ihm tätig werden können, daß er seine Natürlichkeit nicht nur als zugänglich für dieses Reich, sondern als veränderlichen Stoff für dessen Kräfte erkennt. Er glaubt an die Gnade, er spricht von Übernatur, er empfängt inmitten des Daseins, das er Leben heißt, aus seinem Glauben den Begriff und die Wirklichkeit eines Lebens, zu dem sich das andere nur wie die Gelegenheit zu der Erfüllung verhält. Auch dem Christen ist ein »Werde, was du bist«[299], der Anruf zu seiner letzten Verwirklichung, gesprochen. Wird aber das natürliche Leben vom ewigen heimgesucht, so kann es in der Weise eines Einbruchs, unter physischer Erschütterung, geschehen. Alsdann ist Krankheit, obzwar noch Übel, doch Übel um eines Gutes willen; es ist Zeichen einer Wandlung, bei der sich das Neue nicht ohne Opferung des Vorigen bilden kann. Die Wissenschaft von der menschlichen Physis hat ihr gutes Recht, ihre Krankheitsnamen auf das Ungewöhnliche, Abnorme im Heiligenleben anzuwenden; aber nicht ihres Amtes ist ein Urteil darüber, ob diese Phänomene, weil sie krankhaft sind, auch schlechthin sinnlos sind. Es ist

[299] Die lateinische Sentenz »*Esto quod es*« ist zum geflügelten Wort geworden. Die Sentenz geht zurück auf Pindar von Theben (522/18- nach 446), Phytische Gedichte 2,72, in freier Übersetzung »Erkenne, wer du im Kern deines Wesens bist, und dann werde es.« Vgl. dazu die Inschrift am Apollon-Tempel zu Delphi. Die Sentenz findet sich wieder in einem Epigramm von John Owen (1616–1683), einem bedeutenden englischen Theologen, an Herzog Karl von York. Ioannis Audoeni, Epigrammatum liber Septimus 3.
[300] Mt 4,1–11.
[301] Jesus greift damit den Psalm 22,2 auf. Dieser Psalm, der in der Einheitsübersetzung (2016) mit »Gottverlassenheit und Rettung des todgeweihten Armen« überschrieben ist, bringt auf der einen

auch auf dem langen Wege, der im Ölgarten und auf Kalvaria sein Ende fand, nicht ohne bestürzende Anzeichen des »Abnormen« abgegangen. Er beginnt mit den Teufelsgeschichten des Versuchten[300] und geht erst nach dem Schrei des Gottverlassenen[301] in dem stillen Wort der Selbstbefehlung in die Hände des Vaters aus[302]. Dazwischen liegt das große Heilungswerk dessen, der »heilte jedes Siechtum und jede Krankheit unter dem Volke«[303]. Er selbst aber, auf den »alle sich stürzten, die von Leiden geplagt waren«[304], macht im Zustand der Überspannung seiner Kräfte den Eindruck eines Wahnsinnigen oder Besessenen; seine Nächsten kennen ihn nicht mehr und sagen: er ist verrückt geworden[305]. Als Erlöser vom Übel erschöpft er sich nicht nur bis zur Ermüdung, in der ihn nach Ruhe verlangt, sondern erscheint den Seinen in der Gefahr der Selbstzerrüttung, und sie ergreifen ihn[306]. In der verzehrenden Leidenschaft für das Gottesreich arten ihm seine Sendboten und Heiligen in den Grenzen ihrer Gnaden und Kräfte nach. Wenn ihre Lebensgeschichte so oft das pathologische Interesse angeht, so ist die Tatsache hinzunehmen, daß zahllose dieser Männer und Frauen als Opfer einer Verirrung anzuse-

Seite die Verlassenheit des Beters deutlich zum Ausdruck (vgl. auch 22,3: »Mein Gott, ich rufe bei Tag, doch du gibst keine Antwort«), auf der anderen Seite schlägt der Psalm ab V. 23 jedoch in die Gewissheit um, dass Gott dem Beter das Heil zukommen lässt. Siehe dazu auch: Eva-Maria Faber, Gottverlassenheit. I. Biblisch-theologisch und II.Systematisch-theologisch, in: LThK 4 (³1995) 957–959; Franz-Georg Untergassmair, Kreuzesworte Jesu, in: LThK 6 (³1997) 457 f.; Bernhart, Da rief er ein Kind 179 mit Anm. 148.

[302] Lk 23,46. – Siehe auch: Bernhart, De profundis, bes. 189–102.

[303] Mt 4,23.     [304] Mk 3,10.     [305] Mk 3,21.

[306] Mk 1,32–35; vgl. Lk 5,15 f.

hen sind, so daß ihre Heiligkeit ohne ihre Krankheit erträglicher und ermunternder wäre. Daneben besteht aber ein Sachverhalt von Zusammenhang zwischen Heiligkeit und Krankheit, bei dem der Spruch des Pathologen den Theologen in dem seinigen nicht beirren kann. Jener veranschlagt, wie recht und billig, den Zustand der Physis; dieser sieht den Menschen einer größeren, weiteren Wirklichkeit zugehörig, die nicht am Natürlichen ihre Grenzen hat. Wenn aber die ärztliche Forschung, wie es heute der Fall ist, in einem Teilübel des Kranken, dem Schmerz, positiven Sinn erkennt, nicht nur, daß er Gefahr meldet – als bellender Wachhund der Gesundheit, sagten die Alten[307] –, sondern in manchen Fällen ein Mithelfer zur Heilung ist, so erhebt sich von selbst die Frage, und doppelt für den Christen, ob nicht dem Gesamtübel Krankheit ein Zweck und Sinn inneliegen könne, wodurch es warnend oder helfend Mittel zu einer Genesung wäre, die diesseits oder jenseits des Grabes zum Leben führt.

Die letzten Jahre des Heiligen sind eine historisch nicht leicht zu erfassende Passion, zugleich aber dem christlichen Betrachter eine nicht schwer zu fassende Transfiguration. Schon seit den Tagen seiner radikalen Hinkehrung auf die heilige Menschheit des ewigen Christus ist er mit seiner ganzen Existenz als Mitwirker am fortgehenden Erlösungswerk in Beschlag genommen. Wir wissen nichts von einer Stunde des Wankens oder Irrewerdens; nehmen die Leiden zu und auch das Leid, so im gleichen das mystisch innige In-

---

[307] Siehe dazu: Leo von Zumbusch, Über den Schmerz. Rede zum Antritt des Rektorates. Gehalten in der Aula am 26. November 1932 (Münchener Universitätsreden 26), München 1933, 18.

nesein in der Leidensherrlichkeit des Gottesknechtes, der ihn, den Armen von letzter Bereitschaft, allmählich durchformt und endlich überformt. Mit seinem Umdenken in der Jugend hat auch die Umgestaltung auf sein Vorbild hin begonnen; mit der μετάνοια [metánoia, Umkehr] die Metamorphose. Man darf sich hier dieses Wortes, wie die Schrift es gebraucht, ungescheut bedienen. Er war von denen, »die mit enthülltem Antlitz die Herrlichkeit des Herrn widerspiegeln und so in eben sein Bild umgestaltet werden, klarer und klarer, weil ja der Herr des Geistes am Werke ist«[308]. Drangsal von innen und außen führt ihn nur tiefer hinein in die Liebesgemeinschaft, zu der er erwählt und gerufen ist. Nicht Leibesnot, noch der nagende, auch in Zornmut ausbrechende Schmerz über die Beugung seines Ideals, über das Einströmen weltlicher Interessen, über den Amtshunger gewisser Brüder kann ihn verdüstern. Mag andere »die babylonische Krankheit«[309] befallen, das Dunkel der Seele, in dem man sich in der Ferne Gottes durch die Rückkehr zum verlassenen Babel getröstet: ihm bewahrt sich der lichte Klang im Innern. »Dann nahm er zuweilen wohl auch ein Holzscheit wie eine Geige in die linke Hand, einen Stecken in die rechte und strich sich seine Lieder vom Holze, das Leid vom Herzen, indem er zum stummen Spiel, dessen Wohllaut er allein vernahm, hin und her den Körper wiegte. Da rannen ihm jedesmal die Tränen über die Wangen, bis er Geige und Bogen und schließlich sich selber zur Erde warf und in der eigenen Seele wie einer Woge verging«[310].

[308] 2 Kor 3,18.
[309] 2 Celano 125. Mit der »babylonischen Krankheit« der Menschen ist die Überbewertung des rein Irdischen gemeint; vgl. auch Offb 18.

Dem Pfingstkapitel des Jahres 1224 sandte er vom Krankenlager aus einen Brief mit Ermahnungen und seinem Sündenbekenntnis[311]. Im Sommer zog er mit einigen Vertrauten in die längst geliebte Bergwildnis des Alverno, um nach seiner Gewohnheit zu Ehren Michaels, des Erzengels, vierzig Tage zu fasten. Krank an den Augen, schmerzende Leiden im Fleische, die Seele wund von der Erfahrung, daß der Auftrag des Herrn in seiner ganzen Wucht und Herbe nicht erfüllt wird, kam er hinauf und freute sich, als unter einer Eiche, wo sie Rast hielten, sich Vögel ihm auf Schultern und Knie und Hände setzten[312].

An Mariä Himmelfahrt begab er sich in sein Bußgebet. Der ihm nächste Vertraute in diesen Tagen und Wochen, der Bruder Leo, wurde Augenzeuge ungewöhnlicher Begebnisse, die sich mit und an dem Heiligen zutrugen: Verzückungen, Schwebungen, leuchtende Erscheinungen. Auf ihn, den einzigen Gewährsmann, sind auch alle Berichte über die seraphische Verwundung des Heiligen zurückzuführen.

Es war um Sonnenaufgang des Tages Kreuzerhöhung, des 14. September [1224], als dem Nachfolger Jesu der einsame Waldberg sein Golgatha und sein Tabor wurde. In plötzlicher Verzückung widerfuhr ihm die Schauung eines Gesichts. Er sah über sich einen

[310] 2 Celano 127. – Vgl. Speculum perfectionis 93.

[311] Gemeint ist hier das Mattenkapitel vom 2. Juni 1224 bei Portiuncula. Für die Zusendung des genannten Briefes genau zu diesem Pfingstkapitel finden sich allerdings keine Belege in den Quellen. Der sog. »Brief an den gesamten Orden«, der sicher nach Februar/März 1220, sehr wahrscheinlich aber nach 1224 entstanden ist, enthält im 5. Kapitel des hl. Franziskus »Schuldbekenntnis«. Feld, Franziskus 20 f.; Franziskus-Quellen 114–120, bes. 118 (Leonhard Lehmann).

Menschen gleich einem Seraph, mit sechs Flügeln, der mit ausgespannten Armen und geschlossenen Füßen an ein Kreuz geheftet war; zwei Flügel schlug er über dem Haupte zusammen, zwei streckten sich zum Fluge aus, zwei bedeckten seinen ganzen Leib. – Als der Heilige aus Freude und Schrecken zur Besinnung kam, fand er die fünf Wunden des gekreuzigten Seraphs an seinem eigenen Leibe[313].

Noch in der ersten Ergriffenheit schrieb Franz auf ein Blatt Pergament für Bruder Leo einen Hymnus der jubelnden Anbetung[314], dazu eine kurze Segnung des Bruders Leo. Dieser selbst fügte der Handschrift später einige Sätze hinzu, in denen als das älteste schriftliche Zeugnis über die Stigmatisation auch die Worte stehen: »Und es kam die Hand des Herrn auf ihn. Und wegen der Erscheinung und der Anrede des Seraphs und der Einprägung der Wundmale Christi in seinem Leibe verfaßte er diese Lobpreisung, die auf der anderen Seite des Blattes steht, und er schrieb sie mit eigener Hand, danksagend dem Herrn für die ihm erwiesene Wohltat«[315]. – An der Echtheit dieses noch erhaltenen Pergaments mit den halb verwischten Zügen ist nach vielen Erörterungen über die Sache nicht

---

[312] Considerazioni 1. Betrachtung (Franziskus-Quellen 1439–1445, bes. 1445 [Johannes Schneider]).

[313] 1 Celano 94 f.; Drei-Gefährten-Legende 69; 2 Celano 135–138; Celano, Mirakelbuch 4; Bonaventura, Legenda maior XIII,3 f. – Elias teilte nach dem Tod von Franziskus in einem Rundschreiben an alle Provinzialminister »dem gesamten Orden und einer weiteren Öffentlichkeit die Stigmatisation« mit. Feld, Franziskus 361.

[314] Siehe unten S. 160 f.

[315] Abgedruckt in: Franziskanische Quellenschriften 1 210 f. (Franziskus-Quellen 38 f. [Leonhard Lehmann]) – Feld, Franziskus 25 f. – Zu Franziskus' Verbergen der Wundmale siehe: 2 Celano 135–138.

mehr zu zweifeln. Die Ursprünge des Wichtigsten in aller Geschichte, sonderlich aber der Heilsgeschichte, pflegen im Dunkel zu liegen. Was hervortritt in die Erscheinung und also zu wirken anfängt, ist bereits die Wirkung aus einer Ursache, die meist schon ihrem Träger, geschweige anderen Geheimnis bleibt. Über die Entstehung seiner Stigmen befragt, wäre Franziskus, wenn ihm die natürliche Scham überhaupt ein Wort darüber verstattet hätte, um die Auskunft verlegen gewesen, sicherlich verlegener als die disputierende Nachwelt, die über dem Ob und dem Wie bis auf den Tag nicht zur Ruhe kommt[316]. Und wenn er selbst Bescheid gegeben hätte, was in der Verzückung mit ihm sich zutrug, so müßten wir darauf mit dem Wort entgegnen, mit dem sich die große Spanierin [Teresa] von Avila [1515–1582] zu ihrer eigenen Aussage über ihre ekstatischen Erlebnisse kritisch verhielt: wie kann ich als Mensch des gewohnten Zustandes verlässiges Urteil über die Erfahrung des andern haben, der ich im Zustand außer mir gewesen bin?[317]

Es ist vielseitig und fest bezeugt, daß Franz die Wundmale getragen hat. Auch Personen, die außerhalb des Ordens standen, gaben 1226 zu notariel-

---

[316] Zur Stigmatisation siehe beispielsweise: Feld, Franziskus 256–277; Kreidler-Kos/Kuster, Bruder Feuer und Schwester Licht 163–166; Vauchez, Franziskus 165–169; Leppin, Franziskus 281–291; Bösch, Vogelpredigt und Stigmata; Bösch, Franz von Assisi, bes. 71–74; Wesjohann, Mendikantische Gründungserzählungen im 13. und 14. Jahrhundert 234–252.

[317] Zu Teresa von Avila siehe: Bernhart, Gestalten der Mystik 395–418.

[318] Siehe dazu auch: 1 Celano 94 f.; 2 Celano 135–138; Celano, Mirakelbuch 4; Bonaventura, Legenda maior XIII,3 f.; Drei-Gefährten-Legende 69 f. – In seiner Echtheit umstritten ist der »Rundbrief des

ler Urkunde, was sie zu Lebzeiten des Heiligen und nach seinem Tode mit eigenen Augen gesehen hatten. Auf ihren Angaben beruht die angefügte genaue Beschreibung der Male, mit welcher die zwei Jahre später von seinem Jünger und Biographen Thomas von Celano gegebene übereinstimmt[318]. Auf Bruder Leo selbst, den ersten Augenzeugen, geht der kürzere Bericht im Büchlein der »Drei Genossen« zurück[319]. Er sagt, daß die Male, wie sehr auch der Mann Gottes »das Heiligtum des Herrn« zu verbergen suchte, wenigstens den vertrauten Gefährten offenbar wurden. Aber alle, die nach seinem Tode zugegen waren, sahen sie. »An seinen Händen und Füßen gewahrten sie nicht nur die Einstiche der Nägel, sondern sogar die Nägel selbst, die, aus seinem Fleisch gebildet und ihm eingewachsen, deutlich auch die Schwärze des Eisens erkennen ließen; seine linke Seite aber, wie mit einer Lanze durchbohrt, war durch das rote Mal einer wirklichen, augenfälligen Wunde geöffnet, aus der sich zu seinen Lebzeiten oft sogar das Blut ergossen hatte«[320].

Der Liebesaffekt, gleich allen andern Affekten das Leibliche ergreifend, ist von je einer Wunde vergli-

---

Bruders Elias zum Tod des hl. Franziskus«, für den sowohl eine handschriftliche als auch eine ältere Textbezeugung fehlt (Franziskus-Quellen 184–186; siehe hier auch die Einleitung 180–182 [Johannes Schlageter]). In der *Chronica fratris Jordani* (50) sind Trostschreiben von Elias erwähnt (u.a. mit dem Hinweis auf die Wundmale durch Elias). Es ist aber problematisch diese ohne Weiteres mit dem oben genannten Brief gleichzusetzen, auch wenn es u.U. möglich wäre, »dass Jordan von Giano in seinem Zeugnis mehrere Dokumente von Bruder Elias zusammenfasst«. Ebd. 180, Anm. 6.

[319] Drei-Gefährten-Legende 69 f.

[320] Drei-Gefährten-Legende 70.

chen, aber nach Menschenwissen nicht bis zur Versehrung des Fleisches heftig gesehen worden. In Franz ist das *vulnus amoris* [Wunde der Liebe] ins *vulnus carnis* [Wunde des Fleisches][321] übergegangen; was er in Versenkung und Verzückung schaute, ergriff das Stoffliche seiner Natur bis zum abbildlichen Ausdruck. Das war, nach der allgemeinen Kenntnis der Dinge, vorher nicht geschehen: Wenn es danach an Hunderten sich zutrug, an Heiligen und Unheiligen, so kann die Erklärung jenes Erstemal zuhilfe nehmen, an dem sich hysterische Wiederholungen entzünden mochten: für die Stigmatisation des heiligen Franz war kein Vorbild gegeben, und wir müssen, ob ihr die Psychiatrie auch mit keinem andern Begriff als dem einer hysterischen Erscheinung beikommen kann, mit weiteren Ursachen ihrer Entstehung rechnen. Von der plumpen Leugnung ging man zu der Annahme einer heimlichen Selbstverwundung über, aber das eine wie das andere wird überflüssig durch die festgewisse Tatsache, daß seither die Stigmen entstanden und spontan, ohne äußeres Zutun, entstanden sind. Was nun Franz betrifft, so ist jenes Erstemal, allen Erklärungsversuchen der Wissenschaft vom Menschen zum Trotz, ein Rätsel, von dem sich, daß es dies bleiben wird, unschwer voraussagen läßt, weil es nur im Zusammenhang mit dem Bereich des Geheimnisses, eben dessen, in welchem Franz nach Sein und Wirken und Schicksal als Ganzem steht, sinnvoll aufzufassen ist. Dann wird freilich auf alle Erklärung verzichtet, und die Tatsache der Unerklärbarkeit verbleibt als

---

[321] Die Formulierung »*dulce vulnus amoris*« entstammt dem *Tractatus de caritate* II,8 und hat wohl den Schotten Richard von St. Viktor (um 1110–1173) zum Autor.

selbstverständlicher Index des Geheimnisses. Was ließe sich andres sagen, als daß in einer für äußerlich und innerlich Geschehenes ungemein ergreiflichen Menschennatur die verborgene Stigmatisation der gekreuzigten Geistseele bis in ihre Leiblichkeit ausgeschlagen hat? Mit solchen Worten aber sind wir dem Geheimnis nicht näher gekommen; es ist so, wie es ist, und will hingenommen sein.

Man wird nach langer Fühlung mit unserm Heiligen nichts peinlicher empfinden als die naturwissenschaftliche Erörterung seiner Stigmatisation, nichts dankenswerter als die verhüllende Knappheit des Urberichts durch Bruder Leo, nichts erleuchtender als die theologische Betrachtung der *compassio cum Christo* [Mitleid/Mitleiden mit Christus] unter der Gnade des *Deus mirabilis in sanctis suis* [Gott ist wunderbar in seinen Heiligen], nichts bewegender als das schlichte Wort des Kirchengebets auf den unbegreiflich bestätigten Nachfolger seines Erlösers: Herr Jesu Christe, der du in erkaltender Welt, um unsere Herzen durch das Feuer Deiner Liebe zu entflammen, im Fleische des seligen Franziskus die heiligen Wundmale Deines Leidens erneuert hast ...[322].

---

[322] Oration der Messfeier am Fest der Stigmatisierung des heiligen Franziskus, am 17. September; lateinischer Text in: Bernhart, Heiligkeit und Krankheit 865 Anm. 38. – Zur Zeit der Aufklärung setzte sich in den österreichischen Erblanden Abt Stephan Rautenstrauch, Ratgeber Kaiserin Maria Theresias und Kaiser Josefs II., dafür ein, dem Wiener Hof vorzuschlagen, dass man aus dem Festkalender alle Benediktionen und Feste streichen sollte, die nicht im *Rituale Romanum* enthalten waren. Zu den Festen, die Rautenstrauch wegen Erdichtung gestrichen wissen wollte, gehörte auch das Fest der fünf Wundmale des heiligen Franziskus. Menzel, Abt Franz Stephan Rautenstrauch von Břevnov-Braunau 194.

## 16

Noch einmal flackerte das Lebensfeuer in kühnen Plänen des Eroberers auf. Aber der Gezeichnete der Gnade, am Gehen gehindert, machte auf seinem Esel keine weiten Wege mehr. Es war ihm auch lästig, daß die Neugier nach seinen Wunden spähte, und nach Kräften entzog er sich ihr und hielt sich Fragende wohl auch unwirsch vom Leibe. *Bada ai fatti tuoi –* kümmere dich um deine Sachen! Nahe dem vollen Erblinden[323], das innere Auge um so heller für Gottes Dasein in allen Dingen aufgetan, lag er nach den Alverner Tagen im Dunkel der Schilfhütte, die Schwester Klara bei San Damiano ihm errichtet hatte. Von Mäusen bis zur Verzweiflung geplagt, erfuhr er eines Nachts, nachdem er zu Gott gerufen hatte, die Gewißheit seines künftigen Seligseins im Paradiese. Am Morgen fand er sich in reiner Heiterkeit des Geistes und machte sein Sonnenlied, den Lobgesang auf Gottes Herrlichkeit und Liebe in der Schöpfung[324]. Aus der letzten Armut brach ihm die Fülle der Anbetung hervor[325].

Auf fremdes Drängen ergab er sich ein Jahr vor seinem Tode den Ärzten. In Fonte Colombo, einer Ein-

[323] 1 Celano 99, 101; 2 Celano 44, 92, 126, 166.

[324] Siehe dazu auch: »Aber nur von einem will ich euch noch sagen, der das alles ganz verstanden hat: Wenn er sich am Brunnen die Hände wusch, gab er acht, daß kein Tropfen in den Staub falle. So ehrfürchtig hat er Gottes Gegenwart im Wasser gefühlt. Das war der heilige Franz von Assisi. Er hat die ganze Schöpfung geliebt als Gottes Werk, er hat in allem Gottes Gedanken gelesen.« Bernhart, Da rief er ein Kind 54.

[325] Anonymus Perusinus 4; Speculum perfectionis 11; Fioretti 19.

siedelei im Rieti-Tal, erlitt er den qualvollen Versuch einer Heilung; man öffnete ihm die Adern zwischen Ohr und Augen und brannte sie aus. Als die heißen Eisen aus der Flamme kamen, bat er das Element bei der Liebe des gemeinsamen Schöpfers: Bruder Feuer, Gott, hat dich schön und stark und nützlich gemacht; komm sei artig mit mir. Und alles ertrug er ohne Zeichen des Schmerzes[326].

Den Winter auf 1226 verbrachte er im Hause des Bischofs von Rieti, im Frühjahr ging er zu einem Arzt nach Siena; dort verlangte er, nach einem Blutsturz, in die Heimat. Bewaffnetes Geleit kam entgegen, um seinen Leib der Vaterstadt zu sichern. Todkrank kam er in Assisi an und nahm bei seinem Bischof Wohnung. Im September eröffnete ihm der Arzt, daß er sterben müsse. Er breitete die Arme aus und sprach: Willkommen, Bruder Tod[327]! Seinen Begleitern Bruder Angelo und Bruder Leo befahl er, ihm das Sonnenlied zu singen. Als sie geendet hatten, diktierte er ihnen als Ausklang die Preisung des Bruders Tod. Dann verlangte er hinab nach Portiuncula[328]. Auf einer Sänfte, es war ein schöner Septembertag, trug man ihn hinunter. Auf halbem Wege ließ er wenden und segnete mit erblindeten Augen sein Assisi: »Ich bit-

---

[326] 2 Celano 166. – Zu einer gravierenden Verschlechterung seines Allgemeinzustandes war es 1224 gekommen. Franziskus hatte lange Zeit eine ärztliche Behandlung abgelehnt. Während er selbst wohl durch seinen Tod die Vereinigung mit Christus ersehnte, vermuteten seine Gefährten eher eine unvernünftige Übertreibung. Bruder Elias und Kardinal Hugolino bewegten ihn schließlich doch zu einer Behandlung, als das schwere Augenleiden hinzukam. Feld, Franziskus 283–286.

[327] 2 Celano 217.

[328] 1 Celano 108.

te dich, Herr Jesus Christus, erbarmender Vater, sieh nicht unsern Undank an, sondern gedenke allzeit der übergroßen Güte, die du in dieser Stadt erzeigt hast. Immer soll sie eine Stätte sein für die Menschen, die dich in Wahrheit erkennen und deinen benedeiten Namen verherrlichen«[329].

Er lebte noch wenige Tage. Eine vornehme Römerin[330], ihm seit langem befreundet, war in sicherer Ahnung seines Sterbens mit großer Begleitung gekommen. Er wünschte sich von ihrer Hand noch einmal das Mandelgebäck, das er liebte[331].

Nach einer qualvollen Nacht ermahnte und segnete er die versammelten Brüder, segnete Brot und gab es ihnen, während das Evangelium vom Gründonnerstag – der Herr wäscht seinen Jüngern die Füße – verlesen wurde[332].

Dann ließ er sich in einer Hütte entkleiden. Nackt auf der nackten Erde liegend, erbat er sich als letztes Almosen eine geflickte Kutte. Immer von neuem will er sein Sonnenlied hören[333].

---

[329] Considerazioni, 4. Betrachtung (Franziskus-Quellen 1460–1471, hier 1468 [Johannes Schneider]); vgl. Legenda Perusina 5; Speculum perfectionis 124.

[330] Jacoba/Jacopa dei Settesoli (dei Settesogli), die kurz nach 1200 Graziano Frangipani heiratete, wohnte in einem am Circus Maximus gelegenen und Septizonium genannten Teil des Palastes des römischen Kaisers Septimius Severus. Daher rührt der Namenszusatz »*dei Sette Sogli*« für diesen Familienzweig. Sie starb 1239 in Assisi, wo sie seit 1237 lebte. Siehe zu ihr auch: Kreidler-Kos/Kuster, Bruder Feuer und Schwester Licht 87 f., 298.

[331] Celano, Mirakelbuch 37; Legenda Perusina 8; Considerazioni 4. Betrachtung (Franziskus-Quellen 1460–1471, bes. 1467–1470 [Johannes Schneider]). – Wenige Tage vor seinem Tod, zwischen dem 28. September und dem 1. Oktober, diktierte Franziskus an die »Herrin Jakoba« einen Brief. Siehe zu diesem im gesamten Wortlaut nicht überlieferten Brief auch: Franziskanische Quellenschrif-

Am Abend des nächsten Tages singt er noch mit heller Kraft den Psalm *Voce mea* – mit meiner Stimme rufe ich zum Herrn ...[334]. Danach verschied er – es war nach Sonnenuntergang des 3. Oktober [1226][335].

Assisi holte tags darauf, an einem Sonntag, schon im Morgenlicht die Leiche. Der Zug machte den Umweg über San Damiano, vorbei an den weinenden Frauen, vorbei an dem Gekreuzigten, der ihn gerufen hatte[336].

Hugolino, unter dem Namen Gregor IX. Papst geworden, nahm seinen Freund schon nach zwei Jahren unter die Heiligen auf[337].

## 17

Je weiter die Zeiten fortrücken vom Erscheinen dieses Heiligen, um so schwerer fällt es ihnen, sein Gehaben aus dem Grunde zu verstehen, der sein Sosein im Dasein bestimmte. Es gilt dies auch und gilt vor allem von seinem Verhältnis zum Menschen. Es ist mit dem Worte *caritas* leicht und gültig bezeichnet,

ten 1 223 f (Franziskus-Quellen 142, mit Einleitung [Leonhard Lehmann]); Feld, Franziskus 23 f. – Bei diesem »*mostacciolo*« handelt es sich um »eine Süßspeise mit Mandeln, Zucker und Honig«. Franziskus-Quellen 142, Anm. 5.

[332] Joh 13,1–15. – 1 Celano 110.

[333] Zu der Kutte, die aus dem gleichen Tuch war wie die der Zisterzienser im Heiligen Land, siehe: Feld, Franziskus 315.

[334] Ps 141.

[335] 1 Celano 109.

[336] Vgl. auch 1 Celano 116–118.

[337] Drei-Gefährten-Legende 71–73; 1 Celano 119–126. – Die Heiligsprechung durch Papst Gregor IX. fand am 16. Juli 1228 in San Giorgio zu Assisi statt. In der Bulle »*Mira circa nos*« vom 19. Juli 1228 legte der Papst den Festtag des Heiligen auf den 4. Oktober fest. Feld, Franziskus 514.

aber alles hängt daran, daß sein wahrer, voller Sinn erfaßt wird. Niemand wird in diesem demütigsten aller Menschen die herrscherliche Würde übersehen, seine kühne Freiheit, das Dienstgebot, das er empfangen hat, in ihm selbst und bei allen, die ihm folgen, durchzusetzen. Gleichso, ja deshalb, ist auch seine Menschenliebe bedingt durch das Maß von oben, nicht durch Wallungen der Empfindsamkeit, noch weniger durch Brudergefühle aus humanitärer Sozialität. Seine Menschenliebe gründet nicht im Menschen als Menschen, seine Armenliebe nicht im Armen als Armen. Auch mit dem Begriff der christlichen *caritas* ist sein Grundverhältnis zum Menschen nicht im Wesentlichen erfaßt.

Franziskus liebt, weil er geliebt ist. Er ist erschaut worden von der göttlichen Liebesmacht und diese Urkraft alles Seins, ihm anschaulich und hinreißend gegenwärtig im Liebesopfer des gekreuzigten Gottessohnes, pflanzt er fort auf alles, was Menschenantlitz trägt, und jegliche Kreatur. Von weitem, im Gleichnis der Geschlechterliebe, mag das jeder verstehen, der aus dem Überglück bräutlicher Entflammtheit an alles, was ihm nahekommt, selig schwendet und spendet. Was so der *Eros* naturhaft anzeigt, die ergießerische Natur des Guten, seine Kraft, gleich der Sonne, die Blatt und Blüte auf sich hin wendet, auch das Ferne zur Gemeinschaft mit ihm zu rufen, ist ein Gleichnis jenes unendlich höheren Verhältnisses, in dem die *caritas* Gottes, das erschaffende und erlösende Liebesurerbarmen, die Liebeskraft des Menschen ergreift, damit er – *per amore di Dio*, wie Franz zu sagen pflegte[338] – sich selbst und die Dinge seines Daseins mit der Liebe des ersten Liebenden, der Gott ist, verbinde. Menschenliebe – was verstünde sich bei solchem Weltverständnis so von selbst wie sie! Auch wo das Herz verschüttet ist, der Geist in der Irre geht, das Laster die Züge des Gottesebenbildes verzerrt, bleibt die *caritas* Gottes das Maß der menschlichen. So bedarf sie nicht erst des Mitleids, um bewegt zu werden; sie war und ist schon in der Ebenbildlichkeit des Urerbarmers angelegt, dem in göttlicher und menschlicher Schrift kein Mitleid zugeschrieben wird. Denn Mitleid ist eine unwillkürliche Regung der Seele, Barmherzigkeit ein freier Akt des Geistes, der auch die Seele bewegt.

Diese eigentliche *caritas*, die ἀγάπη [agápe] des Neuen Testaments, liebt nicht zuvörderst den Menschen, um Gott zu genügen, der es verlangt, sondern Gott, den zu lieben aus allen Kräften von selbst auch die Teilnahme an seiner *caritas* gegen den Menschen erfordert. Da aber der Mensch nicht Gott ist, sondern Kreatur, und sein Kreaturgefühl die Wurzel seiner Religion zu Gott ist, bleibt auch seine *caritas*, wie innig sie immer der göttlichen sich verbinde, der gemeinsamen Lage aller Kreatur vor Gott bewußt. Deshalb ist ihr das erste und höchste Anliegen in dieser notwendig mit Übeln behafteten Welt nicht der Kampf gegen Leiden und Not, sondern die Hingabe an die göttliche Urheit als die Quelle des Gemeinwohls aller Dinge. Es hieße den großen Liebenden, der Franziskus gewesen ist, im Grunde verkennen, wollte man sein

[338] Durch die Liebe Gottes. Die wahre und vollkommene Freude 12, in: Franziskanische Quellenschriften 1 227 (Franziskus-Quellen 57 [Leonhard Lehmann]); Drei-Gefährten-Legende 3, 10, 24; 2 Celano 5, 43, 61, 86, 88, 89, 196; Bonaventura, Legenda maior I,1, VII,8. Vgl. auch Ermahnungen IX,3, Regel für Einsiedeleien 5.

schenkendes Armutsleben als soziale Fürsorge verstehen. Er ließ die Reichen ungeschoren, es sei denn, sie wollten seine Jünger werden: dann freilich bestand er auf der letzten Entäußerung und verbot dem Konversen auch die Übertragung seiner Habe auf die Sippe. Mit keinem Wort hat er Idee und Recht des Eigentums angegriffen, nie den Armen gegen den Reichen aufgestachelt, aber dem einen wie dem andern das Beispiel unnennbaren Reichtums in höchst freier Armut vorgelebt. Die ganze Vehemenz seiner Natur, einer im letzten doch dämonischen Persönlichkeit, der die humane Wohlfahrt die geringste Sorge war, raffte sich zu einem inneren Liebeswerk von revolutionärer Wirkung auch im Äußeren zusammen. Was hätte er, der nichts hatte, nichts haben wollte, viel schenken können! Wie hätte er, dem zum sozialen Reformator die Bildung, aber auch der Wille fehlte, die schweren Gesellschaftsprobleme seiner Zeit anders als aus der Macht und Gnade seines Herzens packen sollen! Weil dieses Herz aber seraphisch liebte, was droben ist[339], tat auch die Hand von selbst sich auf, um hier unten die Liebe Gottes wenigstens im Sinnbild rührend geringer Zeichen fortzustiften.

Diese Armut aus Liebe, Liebe zum armen Heiland aller Kreatur, war sein großes Geschenk an die Menschheit. Er zeigte ihr, daß und wie die irdischen Verhältnisse von der Wirklichkeit des Ewigen anzugehen sind. Aus naiver Religion erfüllte er eine Wahrheit, die nicht lange nach ihm der größte Geist des andern Bettelordens, der Dominikaner Thomas von Aquin [1224–1274], aus theologischer Erwägung aus-

---

[339] Kol 3,1 f.

sprechen sollte. Wer einen über sich hat, sagt er wörtlich, für den ist es größer und besser, diesem Höheren verbunden zu sein, als den Mangel des Tieferstehenden zu beheben. Mithin sei für den Menschen, der an Gott einen Höheren hat, die Liebe (*caritas*), durch die er mit Gott sich vereinigt, vorzüglicher als die Barmherzigkeit, durch die er dem Mangel bei Mitmenschen abhilft[340]. Demnach sind auch die größten Hilfswerke der im gemeinen Sinne verstandenen christlichen *caritas* nicht schon als Erfüllung der *religio christiana* [christlichen Religion] anzusehen, um so weniger, wenn sie dem bloßen Selbsterhaltungswillen der Gemeinschaft entspringen.

Von Franziskus sagt sein erster Biograph, daß er aus religiösen Tiefen der Seele (*viscera pietatis*), der Fußspur[341] des armen Christus folgend, den Armen gedient und im Almosenspenden mehr die Stärkung der Seelen als die Hilfe für den Leib (*carnis subsidium*) erstrebt habe. »Immer blickt er in das Angesicht seines Christus, immer ist er in der Fühlung (*attrectat*) mit dem Mann der Schmerzen, der da weiß, was Elend ist«[342]. Aber der Heilige konnte selbst aus den Seinen nicht Männer schlechthin seinesgleichen machen. Er sagte voraus, daß die Strenge sich entspannen, ein lauer Sinn um sich greifen werde. Noch zu seinen Lebzeiten erhob sich in den eigenen Reihen die kritische Besinnung über die ursprünglichen Forderungen des Armutsstandes und teilte die Bedenken der amtlichen Kirche. Lag nicht auch Gefahr in der

[340] Thomas, Summa theologiae II/II qu. 30 art. 4.
[341] 1 Celano 84; 2 Celano 90, 148; Regula non bullata I,1; vgl. 1 Petr 2,21.
[342] 2 Celano 85.

Losung: alles Irdische und Vergängliche mit Füßen zu treten, damit der menschliche Geist sich frei mit dem ewigen Herrn und Gott vereinigen könne? Die Geschichte der mittelalterlichen Armutsbewegungen – sie wühlen vom zwölften bis ins vierzehnte Jahrhundert Welt und Kirche auf – ist ebenso eine Chronik der Erhebung in die Freiheit des paulinischen Habens-als-ob-nicht wie des Sturzes in den kynischen, ja nihilistischen Selbstverlust des Menschen. Was die Gegner nicht nur des epidemisch suggestiven Armutsfiebers oder aus sozialem Ressentiment entsprungener Parolen, sondern auch der Bettelorden bedenklich oder schon mit heftigem Widerstand gegen die grundsätzliche Armut vorbrachten, ist nicht alles in den Wind zu schlagen, weil dieser große Streit auch die Tiefe des Problems von Sein und Haben in dieser Welt der Konkurrenz von Zeit und Ewigkeit enthüllt. Wenn einer dieser Gegner, der Pariser Theolog Wilhelm von St. Amour [† 1271][343], dreißig Jahre nach dem Tode des Heiligen, für Sätze wie diesen verurteilt wird: es sei Gefahr im Betteln, weil Menschen, die vom Bettel leben wollen, Schmeichler werden, Ehrabschneider, Lügner und Diebe und von Gerechtigkeit nichts mehr wissen wollen, so ist hinwieder zu bedenken, daß bald danach ein erlauchter Verteidiger der Bettelorden, Thomas von Aquin, der Bekämpfer des Wilhelm, die folgenden Sätze niederschreibt: »Sowohl der Überfluß

---

[343] Der Pariser Magister Wilhelm von St. Amour beeinflusste Papst Innozenz IV. gegen die Minoriten. Daraus resultierte die Bulle »*Etsi animarum*« vom 22. November 1254, die den Minoriten und Dominikanern nahezu alle Privilegien entzog; jedoch wurde diese Bulle von seinem Nachfolger Alexander IV. (1254–1261) wieder annulliert. Feld, Franziskus 466 f.

im Reichtum als das Bettlerleben sind augenscheinlich von denen, die gemäß der Tugend leben wollen, zu meiden, sonach sie beide Gelegenheitsursachen sind, zu sündigen. Denn der Überfluß im Reichtum legt es nahe, sich zu überheben, das Bettlerleben aber, zu stehlen und zu lügen, selbst falsch zu schwören. Weil aber Christus der Sünde nicht fähig war …, brauchte er beides nicht zu meiden. Denn nicht jedes Bettlerleben ist Anlaß zum Stehlen und falschen Schwören, sondern nur ein solches, das dem Willen widerstrebt und dem zu entgehen der Mensch auf Stehlen und falsches Schwören verfällt. Aber die frei gewollte Armut hat diese Gefahr nicht: und solche Armut hat sich Christus erwählt… Wenn einer notgedrungen arm ist, ist auf seine Demut nicht viel zu geben, aber bei dem freiwilligen Armen (wie es Christus war) ist die Armut das Zeichen großer Demut«[344].

Indem Franziskus die äußerste Armut mit äußerster Beharrlichkeit festhielt, ein gleiches auch von den Seinen verlangte, führte er den friedlichsten Krieg gegen Mammon und seine Knechte[345]. Es ist schwerlich ins einzelne zu überschauen, wieviel Segen, Befriedung der Herzen und der Gesellschaft von ihm ausgegangen ist, um so leichter zu sagen, daß er alle Carität und Humanität als erstattende Nachfolge in der Liebe Gottes, die in Christus Mensch geworden ist, verstand und für seinen Teil die Welt im Geheimnis

---

[344] Thomas, Summa theologiae III qu. 40 art. 3 ad 1 (freundliche Mitteilung von Herrn Prof. Dr. Ulrich Horst); siehe auch: Thomas, Summa contra gentiles III 132.135. – Horst, Evangelische Armut und Kirche; ders., Evangelische Armut und päpstliches Lehramt.

[345] »Einen einzelnen Toren um Christi Willen vermochte die Gesellschaft zu ertragen; man nahm seine ›Absonderlichkeit‹ hin, und

seines schmerz- und freudereichen Selbstopfers davon belehrte. Seine Wirklichkeit, die erste, die aller Schöpfung voranliegt wie die Sonne dem Tage, lag ihm drüben; so konnte er herüben, wo sie fehlt und doch nicht fehlt, als Fremdling weinen, aber im Augenblick der heimischen Küste drüben auf Kinderweise fröhlich sein. Es ging ihn, was den Menschen Kultur heißt, so gut wie nichts an, weil denen, die das Reich Gottes suchen, das andere dreingegeben wird[346]. Sein Kollektiv war die Gemeinschaft der Heiligen, und ihm zu dienen, gründete er seinen harten Bruderbund unter den Augen des Gekreuzigten. Er nährte ihn, wahrhaftig nicht nur ihn, durch die preisende, die rufende, die verschenkende Liebe, die, weil sie vorerkannt war, auch erkannt hat, worauf es ankommt, wenn die menschliche Kreatur mit sich Ernst macht. Gott mag dir allen Reichtum geben, nichts davon kann Ihn dir geben. Den Groschen in der geschlossenen Hand behält man wohl, aber die Seele, die man nicht ausgibt – die ist verloren.

weil er immerhin so etwas wie ein heilsamer Stachel im eigenen, oft behäbigen Fleisch war, weigerte man ihm den Bissen Brot, um den er die Hand aufhielt, nicht. Eine ganze Gruppe solcher Toren empfand man je länger desto mehr als Landplage; von ihr witterte man Gefahr.« Weitlauff, Franziskus 162.

[346] Mt 6,33.

# AUS DEN QUELLEN

## Aus dem Testament[347]

Der Herr verlieh mir, dem Bruder Franziskus, das Leben der Buße so anzufangen. Als ich noch in Sünden war, fand ich es widerwärtig, Aussätzige zu sehen. Da führte mich der Herr selbst unter sie, und ich tat Barmherzigkeit an ihnen. Und wenn ich wegging von ihnen, war das Widerwärtige in Erquickung für Seele und Leib verwandelt. Danach säumte ich noch ein wenig, und dann ging ich aus der Weltlichkeit.

Und der Herr gab mir in den Kirchen einen solchen Glauben, daß ich einfach so betete und sprach: »Wir beten Dich an, heiligster Herr Jesu Christ, hier und in allen Deinen Kirchen, die in der ganzen Welt sind, und benedeien Dich, weil Du durch Dein heiliges Kreuz die Welt erlöst hast«[348].

Dann gab mir der Herr – und er gibt mir immer noch – zu den Priestern, die nach der Norm der heiligen römischen Kirche leben, so großes Vertrauen ihrer Weihe wegen, daß ich, auch wenn sie mich verfolgten, Zuflucht bei ihnen suchen will. Und wenn ich so viel Weisheit hätte, wie Salomon gehabt hat, und käme zu armseligsten Weltpriestern auf ihren Pfarreien – ich will doch gegen ihren Willen dort nicht predigen. Und sie und alle andern will ich achten, lieben und ehren als meine Herren. Und ich will an ihnen nicht die Sünde sehen, weil ich den Sohn Gottes in

---

[347] Vgl. dazu die Übersetzung in: Franziskanische Quellenschriften 1 217–220 (Franziskus-Quellen 59–62 [Leonhard Lehmann]).
[348] 1 Celano 45.

ihnen gewahre und sie meine Herren sind. Das tue ich deshalb, weil ich in dieser Welt von ihm, dem erhabenen Sohn Gottes, körperlich nichts sehe als allein seinen heiligsten Leib und sein heiligstes Blut, die sie allein konsekrieren und nach dem Empfange den anderen reichen. Und ich will, daß diese hochheiligen Geheimnisse über alles in Ehren stehen und verehrt und an kostbar ausgestatteten Orten verwahrt werden.

Wo immer ich auf Blätter geschrieben die heiligen Namen und Schriftworte an unziemlicher Stätte finde, will ich sie sammeln, und ich bitte, daß sie überall so gesammelt und an würdigem Orte verwahrt werden. Und alle Theologen und die Diener am heiligen Wort Gottes sollen wir hochhalten und verehren, weil sie uns Geist und Leben vermitteln.

Und als der Herr mir Brüder gegeben hatte, da zeigte mir niemand, was ich tun sollte, sondern der Allerhöchste selber offenbarte mir, daß ich nach der Form des heiligen Evangeliums leben solle. Das ließ ich in kurzen, einfachen Worten niederschreiben, und der Herr Papst bestätigte mir's. Und die da kamen, um dieses Leben anzunehmen, gaben alles, was sie das Ihrige nennen konnten, den Armen und begnügten sich mit Einem Rock, innen und außen je nach Wunsch geflickt, samt Gürtel und Hosen. Und weiter wollten wir nichts haben.

Das Offizium beteten wir Kleriker wie die anderen Kleriker, die Laienbrüder das Vaterunser. Und so gern verweilten wir in armen und verlassenen Kirchen. Wir waren einfältige Menschen und allen untertan.

Und ich arbeitete mit meinen Händen und ich will arbeiten. Und alle andern Brüder, so ist mein fester

Wille, sollen arbeiten, ehrbare Arbeit tun. Wer keine kann, soll was lernen, nicht aus Sucht nach dem Arbeitslohn, sondern wegen des guten Beispiels und um den Müßiggang zu vertreiben. Und wenn uns der Arbeitslohn nicht gegeben würde, dann wollen wir den Tisch des Herrn aufsuchen und um Almosen bitten von Tür zu Tür.

Diesen Gruß hat der Herr mir offenbart, daß wir sprechen sollen: Der Herr gebe dir den Frieden!

Streng hüten sollen sich die Brüder, Kirchen, selbst schlichte Unterkünfte und alles andere, was für sie hergestellt wird, anzunehmen, wenn sie dort nicht immer, wie es der heiligen Armut ansteht, die wir in der Regel versprochen haben, nur Herbergsgäste wären wie als Fremdlinge und Pilger.

Ich gebiete allen Brüdern insgesamt in Kraft des Gehorsams, daß sie, welche Stellung sie auch einnehmen, es nicht wagen, persönlich oder durch einen Vermittler irgendwelchen Freibrief zu erbitten, weder für eine Kirche noch für einen andern Ort, sei es unter dem Vorwand ihres Predigtamtes oder wegen leiblicher Verfolgung: sondern wo immer man sie nicht aufnehmen will, mögen sie sich davonmachen in ein anderes Land, um Buße zu tun mit Gottes Segen.

Und es ist mein fester Wille, dem Generalminister dieser Bruderschaft zu gehorchen, auch dem Guardian, den er mir nach seinem Gutdünken geben mag. In seinen Händen will ich so gebunden sein, daß ich gegen seinen Willen nirgends hingehen noch etwas tun kann, weil er mein Herr ist. Und wiewohl ich ein einfältiger, schwacher Mensch bin, will ich doch immer einen Kleriker haben, der mit mir das Offizium beten soll, wie es von der Regel vorgeschrieben ist.

Und alle anderen Brüder sollen gleichso streng gehalten sein, ihren Guardianen zu gehorchen und das Offizium gemäß der Regel zu verrichten. Und wenn sich etwelche fänden, die das Offizium nicht nach der Regel beten oder sonstwie andere Weise einführen wollten oder nicht katholisch wären, dann sind alle Brüder allenthalben im Gehorsam verpflichtet, einen solchen, wo immer sie ihn finden, dem nächsten Kustos des Ortes, wo sie ihm begegnen, vorzuführen. Und der Kustos soll im Gehorsam streng verpflichtet sein, ihn wie einen Mann in Fesseln Tag und Nacht scharf zu bewachen, so daß er seinen Händen nicht entrissen werden kann, bis er in eigener Person ihn zu Händen seines Ministers vorführt. Und der Minister soll streng im Gehorsam verpflichtet sein, ihn durch Brüder, die Tag und Nacht ihn bewachen wie einen Mann in Fesseln, weiterzuschicken, bis sie ihn vor den Herrn Kardinal von Ostia führen, welcher der Schutzherr, der Wächter und Zuchtmeister dieser Bruderschaft ist.

Nun sollen die Brüder nicht sagen: Dies da ist eine neue Regel. Denn dies ist nur ein Eingedenkmachen, ist Ermahnung und Aufruf. Es ist mein Testament[349], das ich, Bruder Franziskus, euer Kleiner und Knecht, euch, meinen gesegneten Brüdern, deshalb mache, damit wir die Regel, die wir dem Herrn gelobt haben, besser katholisch einhalten.

---

[349] Leonhard Lehmann betont hier: »Lat. *recordatio, admonitio, exhortatio et meum testamentum*. Die Erinnerung an die Anfänge wird zur Ermahnung und Aufmunterung für die Gegenwart. Das Testament, das in diesen Schritten wohlüberlegt ist, zielt darauf, die Regel ohne Kompromisse, aber mit der Offenheit für je bessere Konkretisierungen im Raum der Kirche zu beobachten.« Franziskus-Quellen 62, Anm. 17.

Der Generalminister und alle anderen Minister und Kustoden seien im Gehorsam gebunden, an diesen Worten hier nichts zuzusetzen oder wegzunehmen. Und immer sollen sie dieses Schreiben neben der Regel bei sich haben. Und auf allen Kapiteln, die sie halten, sollen sie, wenn sie die Regel lesen, auch diese Worte lesen.

Und allen meinen Brüdern, Klerikern und Laien, gebiete ich streng unter dem Gehorsam, daß sie keine Deutungen in die Regel setzen, auch nicht diese Worte hier, und sagen: das muß so, will so verstanden sein. Sondern wie der Herr mir gegeben, lauter und einfältig die Regel und diese Worte zu sagen und zu schreiben, so lauter und einfältig sollt ihr sie verstehen und in heiligem Leben befolgen bis ans Ende[350].

Und jeder, der diese Worte befolgt, soll im Himmel erfüllt werden mit dem Segen des höchsten Vaters, auf Erden erfüllt werden mit dem Segen seines geliebten Sohnes, in Gemeinschaft mit dem Heiligen Geist, dem Tröster, mit allen Kräften des Himmels und allen Heiligen. Und ich, Bruder Franziskus, der Geringe, euer Diener, bekräftige euch, soviel ich nur vermag, mit Herz und Hand diesen † hochheiligen Segen.

---

[350] Diese letzten beiden Passagen sind bemerkenswert. Es sollte mit dem Testament keine neue oder andere Regel entstehen, aber wohl doch eine Art »verbindliche Regelerklärung«. Leppin betont, dass die Formulierungen des Testaments deutlich machen, dass Franziskus sich hier als »verbindlichen Regelausleger« betrachtete. Die besondere Stellung des Testaments ist der Abfassung durch Franziskus selbst geschuldet (siehe dazu auch Anm. 36). Leppin, Franziskus 294.

159

## Lobpreisung nach der Stigmatisation[351]

Du bist der Heilige, Herr, alleiniger Gott, der Du Wunder tuest.

Du bist stark. Du bist groß. Du bist erhaben über alles.

Du bist der allmächtige König. Du, heiliger Vater, der König über den Himmel und die Erde.

Du bist der Dreifaltige und Eine Herr und Gott, Du bist das Gut.

Du bist das Gut, das reine Gut, das höchste Gut, Gott Herr, der Lebendige und Wahre.

Du bist die Gnade, die Liebe.

Du bist die Weisheit.

Du bist die Demut.

Du bist die Geduld.

Du bist die Sicherheit.

Du bist die Ruhe.

Du bist die Freude und der Frohmut.

Du bist die Gerechtigkeit und die Mäßigung.

Du bist jeglicher Reichtum zu Satt und Genug.

Du bist die Schönheit.

Du bist die Sanftmut.

Du bist der Schützer.

Du bist der Wächter und Verteidiger.

Du bist die Stärke.

---

[351] Vgl. dazu die Übersetzung in: Franziskanische Quellenschriften 1 209 f. (Franziskus-Quellen 37 f. [Leonhard Lehmann]). – Das Original mit dem von Franziskus eigenhändig verfassten »Lobpreis Gottes« wird im *Sacro Convento* in Assisi aufbewahrt. Franziskanische Quellenschriften 1 208; Franziskus-Quellen 36 f. (Leonhard Lehmann); Feld, Franziskus 25 f. – Lat. Text mit einer poetischen Übersetzung in: Kreidler-Kos/Kuster, Bruder Feuer und Schwester Licht 164–166.

Du bist die Erquickung.

Du bist unsere Hoffnung.

Du bist unsere Zuversicht.

Du bist unsere große Herzenslust.

Du bist unser ewiges Leben[352].

Großer und wunderbarer Herr, allmächtiger Gott, erbarmender Erlöser![353]

---

[352] Diese Zeile ist auf dem Original kaum noch zu lesen. Der anschließende Schluss ist nicht mehr lesbar, ist jedoch in alten Abschriften erhalten. Entscheidend ist, dass die Textzeugen auch in anderen Fällen die meiste Konformität mit dem Original aufgewiesen haben. Franziskus-Quellen 36, 38 mit Anm. 8 (Leonhard Lehmann).

[353] Auf der Rückseite des Originals (zusammen mit den erläuternden Sätzen Leos zur Stigmatisation [siehe dazu oben S. 139] und der Tau-Zeichnung) findet sich folgender Text: »Der Herr segne und behüte dich. / Er zeige dir sein Angesicht und erbarme sich deiner. / Er wende dir sein Antlitz zu und schenke dir den Frieden. / Der Herr segne dich, Bruder Leo« (vgl. Num 6,24–27b). Deutsch nach Hardick/Grau, in: Franziskanische Quellenschriften 1 210 (Franziskus-Quellen 38 [Leonhard Lehmann]). Unter dem Tau-Zeichen findet sich mit Tinte ein kleines Bild, das Bruder Leo als Kopf bezeichnete. Es könnte eine Anspielung auf die besondere Erwählung des Franziskus und seiner Minderbrüder nach Offb 7,3 sein. Siehe dazu Franziskanische Quellenschriften 1 210 f. mit Anm. 7; Franziskus-Quellen 39 mit Anm. 10 und 12 (Leonhard Lehmann).

# Das Gespräch über die vollkommene Freude[354]

Einmal zur Winterzeit ging der heilige Franziskus von Perugia nach Sankt Maria von den Engeln. Bei ihm war Bruder Leo, und die beiden froren sehr in der großen Kälte. Bruder Leo ging ein kleines Stück voraus.

Da rief ihn Franziskus an und sagte: »O Bruder Leo! Wenn auch die Minderbrüder in aller Welt ein herrliches Beispiel von Heiligkeit, Ehrbarkeit und erbaulichem Wandel geben, so schreibe dennoch, will sagen merk es dir wohl: das ist nicht die vollkommene Freude.«

Und sie gingen eine Zeitlang weiter, da rief er ihn wieder an und sagte: »O Bruder Leo! Und wenn der Minderbruder auch Blinde sehend und Krüppel gerade macht, wenn er Teufel austreibt, wenn er Lahmen den Schritt wiedergibt, Tauben das Gehör und Stummen die Sprache, ja, was noch mehr ist, einen Toten nach vier Tagen auferweckt, so schreibe doch: das ist nicht die vollkommene Freude.«

Und wieder nach einer Strecke Weges rief er: »O Bruder Leo! Wenn der Minderbruder die Sprachen aller Völker verstände, in aller Wissenschaft, allen Büchern bewandert wäre, ja wenn er in die Zukunft sehen und prophezeien und in den Herzen der Men-

---

[354] Der lateinische Titel lautet: »*De vera et perfecta laetitia*«. Lateinische Ausgabe: Esser, Die Opuscula 459–461. Vgl. die deutsche Übersetzung der noch nicht ausgeschmückten Fassung in: Franziskanische Quellenschriften 1 227 (Franziskus-Quellen 56 f. [Leonhard Lehmann]). Eine spätere, poetisch ausgestaltete Version, die auch Joseph Bernhart hier wiedergibt, findet sich in den Fioretti 8 (in manchen Ausgaben auch Kapitel 9 oder 7; Franziskus-Quellen 1359–1361 [Johannes Schneider]). Zur Frage der Authentizität des Textes siehe: Feld, Franziskus 18. – Siehe auch Anm. 292.

schen lesen könnte, so schreibe doch: das ist nicht die vollkommene Freude.«

Und im Weitergehen rief er abermals: »O Bruder Leo, Schäflein Gottes! Könnte der Minderbruder mit Engelszungen reden und wüßte Bescheid über den Lauf der Gestirne, die Kräfte der Kräuter, die verborgenen Schätze der Erde, über die Eigenschaften der Vögel, der Fische, der Tiere und Menschen, der Wurzeln und Bäume, der Steine und der Gewässer, so merk dir wohl und schreib es auf: das ist nicht die vollkommene Freude.«

Und nach einer Weile fing er wieder an: »O Bruder Leo! Vermöchte der Minderbruder so herrlich zu predigen, daß er alle Ungläubigen zum Glauben bekehrte, so schreibe doch: das ist nicht die vollkommene Freude.«

In solchen Gesprächen wanderten sie wohl zwei Meilen fort. Da sagte Bruder Leo, der über all das sich höchlich wunderte: »Mein Vater, nun sage mir in Gottes Namen, worin denn die vollkommene Freude bestehe.«

Da gab ihm der Heilige die Antwort und sprach: »Wenn wir jetzt nach Sankt Maria von den Engeln kommen, vom Regen durchnäßt, steif vor Kälte, voll Schmutz und ausgehungert, und wenn wir dort an der Pforte läuten und der Pförtner kommt zornig heraus und schreit uns an ›Wer seid ihr?‹ und wir dann sagen: ›Wir sind zwei von euern Brüdern‹ und er herwieder sagt: ›Ja, zwei Landstreicher seid ihr, ihr streunt in der Welt herum und schnappt den Armen das Almosen weg‹ und er uns nicht aufmacht, uns bei Schnee und Regen, Hunger und Kälte stehen läßt bis in die Nacht hinein – dann, wenn wir so viel Unbill und Abweisung still und gelassen ertragen und bescheiden und liebevoll uns denken, daß dieser Pförtner recht wohl weiß, wer wir sind, und Gott ihn reizte zu dieser heftigen Sprache gegen uns – dann, Bruder Leo, schreibe: das ist die vollkommene Freude.

Und wenn wir dann immer weiter klopfen, und der Pförtner kommt heraus, wütend auf so Unverschämte, gibt uns Maulschellen und schimpft: ›Packt euch fort, ihr Lumpen, geht in die Herberge! Für Leute wie euch gibt's hier nichts zu essen‹ – und wenn wir auch dies hinnehmen, gelassen, fröhlich, mit Liebe im Herzen, dann, Bruder Leo, schreibe: das ist die vollkommene Freude.

Und wenn wir in all der Pein von Hunger, Kälte und Nacht noch einmal klopfen und weinen und bitten, um der Liebe Gottes willen uns doch einzulassen, und er noch empörter schreit ›Das ist doch schamloses Lumpenpack, ich will ihnen zahlen, wie sie's verdienen‹, und schließlich mit einem knorrigen Prügel wiederkommt, uns an der Kapuze packt, uns zu Boden wirft, in Dreck und Schnee, und grausam verprügelt: wenn wir soviel Böses, Unbill und Schläge freudig hinnehmen in dem Gedanken, daß wir die Peinen Christi des Benedeiten dulden und ertragen sollen: o Bruder Leo, von allen Gaben des Heiligen Geistes ist die schönste die, sich selbst zu überwinden und frei um Christi willen und in der Liebe zu Gott Schimpf und Schmach zu ertragen.«

# »Addio«[355] des heiligen Franziskus

… Ich ziehe jetzt fort mit Bruder Leone, dem kleinen Lamm Gottes[356], nach Portiuncula, und hierher komme ich nicht mehr … Lebewohl, heiliger Berg! Lebewohl, Alvernerberg! Lebewohl, du Engelsberg[357]! Lebewohl, liebster Bruder Falke, der du mich mit deinem Schrei zu wecken pflegtest[358], ich sage dir Dank für alle Sorge für mich! Lebewohl, du großer Stein, unter dem ich zu beten pflegte[359], ich werde nimmermehr kommen, dich zu sehen …[360].

[355] Im Italienischen verwendet man den Abschiedsgruß »addio«, wenn für lange Zeit kein Wiedersehen zu erwarten ist oder überhaupt nicht mehr.

[356] Kurz vor seiner Stigmatisation nannte Franziskus seinen Gefährten Leo Lämmlein bzw. Lamm. Considerazioni 3. Betrachtung (Franziskus-Quellen 1453–1460, hier 1454 [Johannes Schneider]).

[357] Zum Abschied vom Alverna-Berg, von wo er mit Bruder Leo fortzog, vgl. Considerazioni 3. Betrachtung (Franziskus-Quellen 1453–1460, hier 1460 [Johannes Schneider]).

[358] Franziskus schloß mit einem Falken auf dem Alverna-Berg eine besondere Freundschaft. 2 Celano 168; Celano, Mirakelbuch 25; Bonaventura, Legenda maior VIII,10; Considerazioni 2. Betrachtung (Franziskus-Quellen 1445–1452, hier 1452 [Johannes Schneider]). Dieser Falke wurde volkstümlich als »Heilige Uhr« (*oriuolo, santo orologio*) bezeichnet.

[359] Als Franziskus auf dem Alverna-Berg weilte, zog er sich dort oben zum Fasten in eine abgeschiedene Höhle zurück. Dort suchte ihn der Teufel auf. Weil er den scheußlichen Anblick nicht ertrug, klammerte er sich mit dem gesamten Leib an einen Felsen. Dabei prägte sich angeblich die Form seiner Hände und seines Antlitzes in den Felsen ein. Considerazioni 2. Betrachtung (Franziskus-Quellen 1445–1452, hier 1451 [Johannes Schneider]).

[360] Diese Passage existiert in dieser Form, d. h. als zusammenhängender Text, nicht in den Quellen zum Leben des heiligen Franziskus. Joseph Bernhart kompilierte sie in freier Art und Weise aus einzelnen Elementen, die sich vor allem in der 2. und 3. Betrachtung der Considerazioni finden (siehe obige Anmerkungen).

# Nachwort der Herausgeber

## Die »Franziskanische Frage«[361]

In der Frage Joseph Bernharts »Ist der Spielmann auch der Bote des Gekreuzigten, ist dieser wohl auch jener?« (S. 25) klingt das grundsätzliche Problem der Quellen zum Leben des heiligen Franziskus, ihrer Überlieferung und ihrer unterschiedlichen kritischen Bewertung an, eine überaus komplizierte Frage, die aufs engste mit der insbesondere durch Paul Sabatiers »*Vie de Saint François*« (1894) ausgelösten »*Quaestio franciscana*« verbunden ist: mit dem Problem der Institutionalisierung – präziser: der Möglichkeit der Institutionalisierung – der ursprünglichen Ideale des Heiligen von Assisi[362].

Die um 1900 teils heftig diskutierte »Franziskanische Frage« kann in diesem Zusammenhang nicht erörtert werden; auch ist es nicht möglich, auf die zuerst von den Bollandisten (Constantin Suysken SJ [1714–1771] im zweiten Oktoberband der »*Acta Sanctorum*«) angestoßene moderne Franziskus-Forschung einzugehen; ebenso wenig auf den – eben durch Paul Sabatier (1858–1928) provozierten – literarischen Streit um das gegenseitige Abhängigkeitsverhältnis

---

[361] Siehe dazu auch: Leonhard Lehmann, Die franziskanische Frage, in: Franziskus-Quellen 165–179; Leppin, Franziskus 13–26.

[362] Feld (Franziskus 4) sieht es als das »bleibende Verdienst« Sabatiers an, »darauf hingewiesen zu haben, daß das Franziskanertum nicht schlechthin identisch ist mit den franziskanischen Ordensfamilien innerhalb der Katholischen Kirche. Vielmehr wurde das ursprüngliche franziskanische Ideal in einem unerhört dramatischen Ringen domestiziert, verkirchlicht und damit verfremdet und umgebogen.«

und die rechte Wertung der Franziskus-Viten und Legenden-Sammlungen. Auf deutschsprachiger Seite ist dies durch Namen wie Walter Goetz (1867–1958), Heinrich Boehmer (1869–1927) und Gustav Schnürer (1860–1941) markiert. Doch sollen wenigstens die wichtigsten Überlieferungskomplexe genannt werden, für die allesamt gilt, dass sie geprägt sind vom Kampf um das Erbe des Bruders Franz und wir es somit mit »Programm«-Schriften zu tun haben.

Da sind einmal zu erwähnen die beiden Viten des Thomas von Celano (1 und 2 Celano), 1228 und 1247, das eine Mal auf Weisung des Papstes, das andere Mal im Auftrag des Ordens, verfasst[363], dann die im Auftrag des Generalkapitels aus dem Jahr 1260 von Bonaventura konzipierte *Legenda maior*. Diese ist formal eine meisterhafte Kompilation, die bis weit ins 19. Jahrhundert hinein als *die* authentische Franziskus-Vita angesehen wurde – die Autorität des großen Theologen bürgte unbesehen für ihre Authentizität. Jedoch ist sie in ihrem Wert als historische Quelle nicht hoch zu veranschlagen, weil sie betont ordenspolitische Ziele verfolgte[364]. Bonaventuras »Legenda minor« ist lediglich eine für den liturgischen Gebrauch in der Franziskusoktav in sieben Kapitel gegliederte Kurzfassung seiner »*Legenda maior*«[365].

[363] Kreidler-Kos/Kuster, Bruder Feuer und Schwester Licht 299.

[364] »Trotz des historischen Interesses und der diesbezüglichen Nachforschungen Bonaventuras ist die L[egenda] M[aior] in ihrem Kern keine historische Franziskuslegende, sondern eine Franziskustheologie. ... Der Poverello wird zu einem Vorbild gelungenen christlichen Lebens für die Brüder und für alle Christen in der ganzen Welt.« Franziskus-Quellen 687 f. (Marianne Schlosser/Paul Zahner).

Diesen Viten stehen gegenüber die bedeutenden Sammlungen der »*Legenda Trium Sociorum*« (Drei-Gefährten-Legende), die die Jugendzeit des Heiligen und die Anfänge der Brüderschaft beleuchtet, des *Speculum perfectionis* (Spiegel der Vollkommenheit) und der »*Actus Beati Francisci et Sociorum eius*«[366], auf denen wiederum die gewiss stark dichterisch ausgestalteten »*Fioretti*« basieren[367]. Dazu kommt die »*Legenda Perusina*« mit Episoden aus dem Leben des hl. Franziskus (in einer einzigen Handschrift der *Biblioteca Comunale* von Perugia überliefert und erstmals 1922/26 ediert)[368].

Von Franziskus selber sind einige schriftliche Dokumente auf uns gekommen, zwar fast keine Autographen, dafür ein kleines Bündel sicher von ihm herrührender Briefe, die etwas von der seelischen Gestimmtheit seiner letzten Lebensjahre enthüllen; die »*Verba sacrae admonitionis*«, vielleicht schriftlich niedergelegte Paränesen für verschiedene Ordenskapitel; der Regelentwurf von 1221, die sogenannte »*Regula non bullata*«, so genannt, weil sie keine schriftliche päpstliche Bestätigung erhielt, – ein mehrfach überarbeiteter, ergänzter und erweiterter Text, der

---

[365] »Das Ziel der Legende ist ein liturgisches: Franziskus soll gefeiert und im Rahmen des liturgischen Chorgebetes in seinen Grunderlebnissen und -anliegen vor Augen gestellt werden.« Franziskus-Quellen 813 (Paul Zahner).

[366] Actus Beati Francisci et sociorum ejus, hg. von Paul Sabatier (Collection d'études et de documents sur l'histoire religieuse et littéraire du Moyen âge), Paris 1902.

[367] Zu diesem Zusammenhang siehe: Franziskus-Quellen 1333–1335 (Johannes Schneider).

[368] Zu ihr siehe: Franziskus-Quellen 1083–1206 (Bernhard Holter/Johannes Schneider).

möglicherweise als Kern die allererste, in kurzen Worten abgefasste Regel enthält, die Franziskus 1209 Innocenz III. vorgelegt hat und die von diesem damals mündlich bestätigt worden ist; die dann 1223 bestätigte und bis heute verbindliche Regel, die sogenannte »*Regula bullata*«, die freilich ihre eigene Problematik hat; das als Erläuterung dieser Regel gedachte Testament und wohl einige hymnische Dichtungen, darunter der ergreifende Sonnengesang.

Es sind wesentliche Dokumente, im ganzen aber nicht eben viele; und obgleich die Viten und Legenden in ihren »Geschichten« eine Fülle eindrucksvoller, im Einzelnen freilich unterschiedlich zu bewertender Details zusätzlich darbieten, in gewissem Sinn einen lebendigen Kommentar zu den originalen Dokumenten – einer Biographie des Heiligen im modernen Verständnis widerstreben die Quellen. Dabei liegt jedoch das eigentliche Problem nicht in der kritischen Scheidung von Historie und Legende, zumal hier eine strenge Anwendung der formgeschichtlichen Methode manche neue Perspektive eröffnen könnte; es liegt ebenso wenig im Begreifen seiner uns gewiss sehr fern gerückten Epoche und ihrer gestaltenden Kräfte, von denen her zuerst der Zugang zu seiner Person gesucht werden muss. Das Problem ist, wie bei allen Menschen von mächtiger Wirkung, die Person des Heiligen selbst. Um mit Joseph Bernhart zu sprechen: Die Schwierigkeit, ja Unmöglichkeit, ihr immer verwickeltes Innenleben transparent zu machen, in einiger Gestalt zu schauen, vereitelt die Bemühung, ihr Sein und Handeln ganz zu verstehen. Zumal der Mensch der Rede und Gegenrede zwischen sich und einer anderen Welt, die meist ihn selber als fremd, bald ziehend, bald schreckend ergreift, entzieht sich jedem bündigen Urteil. Die Beschäftigung mit Franz von Assisi, dessen Leben eine einzige, nie auch nur leise schwankende – und hier ist das Wort am Platz: – radikale Antwort auf den ihm gewordenen Ruf war, so sehr, dass er – notwendigerweise – *im* Irdischen sich bereits des Irdischen begab, ist ein Unterfangen, das zu keinem Ende führt, das – je mehr man sich auf es einlässt – immer neue, immer tiefere, noch bohrendere Fragen aufwirft. Gerade Joseph Bernharts Darstellung verdeutlicht dies auf eindrückliche Weise[369].

## Franz von Assisi in Bernharts »Vatikan als Weltmacht«

Die Bedeutung Franz' von Assisis hat Joseph Bernhart auch sehr prägnant in seiner 1929 erstmals veröffentlichten und 2019 von der Joseph-Bernhart-Gesellschaft umfangreich kommentiert herausgegebenen literarischen Papstgeschichte »Der Vatikan als Weltmacht« formuliert: Franziskus »ist mehr als ein Troubadour der himmlischen Liebe und ein zärtlicher Freund aller Kreatur gewesen. Unter der späteren Übermalung seiner Gestalt in Gold und Azur verbirgt sich das Urbild eines herben, mächtigen Bewegers, der die Kirche und den rohen Feudalismus seiner Zeit

---

[369] Boehmer, Analekten zur Geschichte des Franziskus von Assisi; Goetz, Quellen zur Geschichte des hl. Franz von Assisi; ders., Die ursprünglichen Ideale des hl. Franz von Assisi; Società Internazionale di Studi Francescani: La »Questione francescana« dal Sabatier ad oggi; Bischof, Die »Franziskanische Frage«; Weitlauff, Franziskus 152–155.

mit der schlichten, ungebrochenen Größe und Gewalt des Evangeliums konfrontiert. Mutig schlägt er den Päpsten und Prälaten die Bergpredigt auf, die über den Dekretalen und Rechtsbüchern nicht vergessen werden soll … . Er lebt der Kirche, die der Geringen, der vom Feudalwesen Unterdrückten vergessen hat, er lebt diesen Enterbten und ihren Zwingherren zugleich das arme Leben Christi vor und scheidet in seinen Regeln sich und seinen ›Bund‹ von den bösen Mächten der Zeit, von Geld, Unzucht, Hochmut, Roheit, Müßiggang und Gottvergessenheit. … Seine Ideale – denn immer gewinnt die Menschen, wer viel von ihnen verlangt – verbreiten sich rasch wie Brot unter Hungernden.«[370]

## Zur Entstehungsgeschichte

Einen ersten kleinen Beitrag mit 46 Seiten über Franziskus verfasste Joseph Bernhart 1932 unter dem Titel »Franz von Assisi. Der Verkündiger der religiösen Armut« für eine biographische Serie des Lübekker Verlags von Charles Coleman (1852–1936). Seit Mai diesen Jahres hatte er sich zunächst mit größeren Unterbrechungen diesem Thema gewidmet, bis er von Mitte Juni bis zur Absendung des Manuskripts an den Herausgeber der Reihe Dr. Fritz End-

---

[370] Bernhart, Vatikan 308 f. (als 6. Auflage; der Wortlaut dieser Passage ist in allen fünf von Joseph Bernhart besorgten Auflagen identisch, vgl. etwa Leipzig ²1930, 178; siehe zu den vielfachen Auflagen und Übersetzungen in fünf Sprachen: Thomas Groll, Die Entstehung der Papstgeschichte und ihre weitere Verbreitung, in: Bernhart, Vatikan 959–982).

res (1886–1945) am 5. Juli durchgängig daran gearbeitet hatte[371]. Diese in der Folge »Colemans kleine Biographien« als Band 2 erschienene Darstellung erlebte noch eine zweite und im Jahr darauf eine dritte Auflage[372].

Mehrere Jahre später nahm Joseph Bernhart am 12. November 1941 die Arbeit zu einem größeren Franziskusbuch wieder auf, wobei er mit Unterbrechungen, aber immer wieder auch ganze Tage an diesem Projekt tätig war. Schließlich konnte er am 4. Juni 1942 in seinem Taschenkalender vermerken, dass er die Franziskus-Texte ganz abgeschlossen und am Nachmittag per Einschreiben wohl an den Caritas-Verlag nach Freiburg abgesandt habe[373]. Da er aber am 19. Juni 1941 von der Reichsschrifttumskammer mit endgültigem Publikationsverbot belegt worden war, konnte sein Werk erst 1944 im ›Alsatia-Verlag‹ in Colmar erscheinen. Im Elsaß, außerhalb des Deutschen Reiches gelegen, galt die Einschränkung nicht[374]. Da-

[371] Taschenkalendernotizen vom 4. bis 7., 24. und 25. Mai, 13. Juni bis 5. Juli 1932. – Lutz Hagestedt (Hg.), Endres, Fritz, in: Deutsches Literatur-Lexikon. Das 20. Jahrhundert. Bd. 7, Zürich-München 2005, 451.

[372] 1. und 2. Auflage: Lübeck 1932: 1.–6. Tausend; 3. Auflage: Lübeck 1933, 7.–9. Tausend.

[373] Taschenkalendernotizen vom November 1941 bis zum Juni 1942; Bernhart an Vogel am 6. März 1942, gedruckt in: Bernhart, Briefwechsel 125–127, hier 126 mit Anm. 320 (Brief 63).

[374] Bernhart, Briefwechsel 34, Anm. 78 (Brief 16) und 44, Anm. 103 und 105 (Brief 22).

[375] Vgl. Bernhart, Tagebücher 537.

[376] Bernhart an Vogel am 22. März 1944, gedruckt in: Bernhart, Briefwechsel 277–279, hier 279 (Brief 138); Taschenkalendernotiz vom 3. April 1944. – Schon am 14. Juni 1942 hatte Vogel die freudige Erwartung des Franziskusbuches mitgeteilt. Vogel an Bern-

mit war dieses Büchlein seine letzte Publikation im Dritten Reich[375].

Joseph Bernhart erhielt am 21. März 1944 eine Lieferung von Büchern und übersandte seinem Freund Otto A. H. Vogel (1894–1983) am folgenden Tag sogleich das erste Exemplar, weitere Exemplare erst am 3. April[376]. Vogel antwortete voller Begeisterung: »Ihren Francesco habe ich mit großem Genuß und viel Freude gelesen. Es ist wunderbar: alles, was Sie gestalten geht einem plötzlich so toll ernst, als wäre man sein Leben nur deshalb gepilgert, um endlich diese Ziele zu erreichen. Wie anders ist es mit anderen Büchern: ja man hat hier und dort auch Zustimmung, auch Begeisterung, aber mehr doch meistens an Widerspruch und Unlust, um nicht zu sagen Ärger.«[377] Tatsächlich kam es zu den von Joseph Bernhart im Vorwort erwarteten Verwirrungen für allzu süßlich verklärte Leser: »… mein Franz[iskus]-Büchlein hat schönen Seelen Beschwerden verursacht«[378]. Entspre-

---

hart am 14. Juni 1942, gedruckt in: Bernhart, Briefwechsel 152–154, hier 153 (Brief 81). – Zu Otto A. H. Vogel siehe Thomas Groll, Otto Adolf Heinrich Anton Vogel (1894–1983). Ein Augsburger Industrieller und Kulturförderer mit weitreichenden Verbindungen, in: Christof Paulus (Hg.), Perspektiven einer europäischen Regionengeschichte. Festschrift für Wolfgang Wüst zum 60. Geburtstag (Zeitschrift des Historischen Vereins für Schwaben 106), Augsburg 2014, 411–430.

[377] Vogel an Bernhart am 5. April 1944, gedruckt in: Bernhart, Briefwechsel 280 f., hier 280 (Brief 139).

[378] Bernhart an Vogel am 21. Mai 1944, gedruckt in: Bernhart, Briefwechsel 279–299, hier 299 (Brief 148). – Pfarrer Carl Rauch aus Bergheim bei Ribeauvillé (Rappoltsweiler) im Elsaß teilte Joseph Bernhart in einem Brief mit, »daß im Elsaß manche keine Freude haben an meiner Auffassung des Franz v[on]. A[ssisi].« Taschenkalendernotiz vom 20. Mai 1944.

chend versuchte er, sich bei einzelnen Lesern zu er-klären[379]. Es gab aber auch höchst Interessierte, wie den Publizisten Carl Muth (1867–1944)[380], oder Fach-kundige, wie den Verleger und Privatgelehrten Ewald Wasmuth (1890–1963)[381] oder die Franziskanerin des Kreszentiaklosters Dr. Augustina Fischer (gest. 1960), die als Direktorin der St. Marien-Schule in Kaufbeu-ren tätig war[382]. Joseph Bernhart fand es »kurios«, dass der »Generaldefinitor der Franziskaner in Rom« (mög-licherweise P. Polykarp Schmoll [1877–1958]) begierig mein Franz[iskus]-Büchlein sucht«, worauf er ihm ein Exemplar zukommen ließ[383]. Der Heidelberger Philo-sophieprofessor Ernst Hoffmann (1880–1952) zeigte sich von der Publikation so »umhergetrieben«, dass er es gleich zweimal gelesen habe[384].

Der Verleger Ewald Wasmuth berichtet in einem Brief vom 23. August 1944 über seine Lektüre des Bu-ches: »Vor wenigen Wochen las ich unter besonderen Umständen – nämlich als Häftling der Gestapo – Ihr kleines, doch nur im Umfang kleines Büchlein über Franziskus, das mich zutiefst beglückte. Es war eines

---

[379] Am 4. Mai 1944 richtete er etwa einen Brief an die Heidelber-ger Freundin Lucia Doxie (gest. 1952) »wegen Bedenken gegen eine Stelle in meinem Franz v[on]. A[ssisi].«. Taschenkalendernotiz vom 4. Mai 1944. Korrespondenz im Nachlass Joseph Bernhart in der Bayerischen Staatsbibliothek; Bernhart, Tagebücher 459; Bernhart, Briefwechsel 111 mit Anm. 269 und 299 mit Anm. 741.

[380] Bernhart, Tagebücher 132 (Eintrag vom 9. Juli 1944), 447 f.

[381] Bernhart, Tagebücher 577 f.

[382] Taschenkalendernotizen vom 14. Juni und 7. September 1944; Bernhart, Tagebücher 445; Bernhart, Briefwechsel 305, 610.

[383] Bernhart an Vogel, Ende August 1944, gedruckt in: Bernhart, Briefwechsel 315–317, hier 315 f. (Brief 156 A).

[384] Bernhart an Vogel am 7. November 1944, gedruckt in: Bernhart, Briefwechsel 320–323, hier 322 (Brief 160).

der wenigen Bücher, das sich in jener Lage hielt, in der andere mit grosser Vergangenheit und im Rufe bewährt in schwierigen Lebenslagen, wie die Tröstung des Boethius, versagten. Mich beglückte die heilige Nüchternheit Ihrer Worte, die grosse Genauigkeit, mit der Sie die Distanz zwischen Wärme des Wertens, der Liebe zu den Heiligen und die leichte Kühle des objektiven Berichtes einhalten, das Maß des Gleichgewichtes, das so leicht und unbeschwert aussieht und so schwer zu halten ist. Damals – nach der Lektüre – nahm ich mir vor, Ihnen zu schreiben, was ich doch nicht ausführen konnte und nun erst, nachdem ich die Freiheit zurückerhalten, tun kann.« Zugleich erbat er die Übersendung eines Exemplars, da er das seine im Gefängnis zurückgelassen habe, damit die anderen Häftlinge »die gleiche Freude und den dort so nötigen Trost haben könnten«, und weil es im Buchhandel nicht erhältlich sei[385].

Wie sehr die Darstellung dieses Heiligen uns in die radikale Christusnachfolge ruft, macht auch folgende Begebenheit deutlich: »Bei einer Fernsehbefragung verschiedener Persönlichkeiten aller möglichen Ränge und Berufsstände, welche zwei Bücher sie mitnehmen wollten, wenn es sie auf eine einsame Insel verschlüge, hat der damals dazu geladene, inzwischen verstorbene Bischof von Aachen Dr. Klaus Hemmerle (1929–1994, seit 1975 Bischof von Aachen), zuvor Professor der Fundamentaltheologie an der Universität Freiburg i. Br., spontan geantwortet: Die Heilige Schrift und Joseph Bernharts ›Franz von Assisi‹.«[386] Das Fran-

[385] Wasmuth an Bernhart am 23. August 1944, gedruckt in: Bernhart, Tagebücher 577 f., die Zitate 577.

[386] Zitiert nach Weitlauff, Gestalten der Mystik LV f.

ziskusbuch begleitete den späteren Bischof schon seit seiner Jugend, denn bei der Bombardierung Freiburgs am 27. November 1944 hatte der 15-Jährige als Brandwache in seiner Schule dieses zusammen mit einem Erzählungsband von Reinhold Schneider mitgenommen und in den Luftschutzkeller gerettet. Da das Haus seiner Familie – in weiterem Umkreis als einziges – getroffen war und völlig ausbrannte, waren die beiden Bücher seine einzigen geretteten Habseligkeiten[387].

Für eine neue Auflage des Franziskus-Büchleins übersandte Joseph Bernhart am 17. Mai 1947 Korrekturen nach Freiburg im Breisgau[388]. Dort erschien die zweite Auflage 1947 im Caritas-Verlag. Anfang 1956 besuchte Verleger Dr. Hermann Rinn (1895–1974) mit einem Mitarbeiter Joseph Bernhart in Türkheim, um ihn unter anderem zur erneuten Publikation des Franziskus in seinem auszubauenden Verlag einzuladen[389]. Für diese dritte Auflage unternahm Joseph Bernhart eine »Erweiterung und Illustrierung« des Werkes[390]. Am 10. und 11. März las er die Fahnen Korrektur und schickte sie dann an den Verlag[391], worauf das Buch im Mai 1956 erscheinen konnte[392]. Die 1974 in Türk-

---

[387] Klaus Hemmerle, Nächte, die Licht geben, in: Was meinem Leben Richtung gab. Bekannte Persönlichkeiten berichten über entscheidende Erfahrungen (Herderbücherei 940), Freiburg i. Br. u. a. 1982, 71–74; vgl. auch: ders. [ohne Titel], in: Die Zerstörung Freiburgs am 27. November 1944. Augenzeugen berichten 1994, hg. von der Stadt Freiburg i. Br., Freiburg i. Br. 1994, 120–122 (»29.07.46, K. H.«, hier ohne die Erwähnung der geretteten Bücher).

[388] Taschenkalendernotiz vom 17. Mai 1947.

[389] Taschenkalendernotiz vom 10. Januar 1956. – Zu Hermann Rinn: Wachinger, Bernhart 153 f.; Bernhart, Erinnerungen II 978; Bernhart, Tagebücher 539; Bernhart, Briefwechsel 47.

[390] Taschenkalendernotiz vom 22. Januar 1956.

[391] Taschenkalendernotiz vom 10. und 11. März 1956.

heim gegründete Joseph-Bernhart-Gesellschaft e. V. konnte eine vierte, unveränderte Auflage im Türkheimer Verlag Josef Huber 1976 in Form eines Broschürenhefts auf den Weg bringen[393].

So ist es der Joseph-Bernhart-Gesellschaft eine Freude, 800 Jahre nach der erfolgreichen Ankunft der ersten Franziskanerbrüder in Augsburg[394], von wo sie sich weit verbreitet haben, das Franziskusbüchlein im Pontifikat des ersten Nachfolgers Petri mit dem Namen dieses Ordensgründers[395] als eigene Publikation mit Kommentierungen erneut zu veröffentlichen.

Die Corona-Pandemie hat die Herausgabe dieses Büchleins leider verzögert, da dadurch Kräfte anderweitig gebunden waren. An erster Stelle gilt mein Dank meinem verehrten Lehrer und Vorgänger als Erstem Vorsitzenden der Joseph-Bernhart-Gesellschaft, Prof. Dr. Manfred Weitlauff, der seine Zustimmung

---

[392] Taschenkalendernotiz vom 9. Juni 1956.

[393] Alois Epple, Vierzig Jahre Joseph-Bernhart-Gesellschaft (Jahrbuch des Vereins für Augsburger Bistumsgeschichte 47), Augsburg 2013, 175–209, hier 193.

[394] Die Brüder dieser zweiten Deutschlandmission erreichten unter der Führung Cäsars von Speyer (gest. 1239) Augsburg am 16. Oktober, dem Gallustag, 1221. Der Bischof, Siegfried (III.) von Rechberg (1208–1227), nahm sie herzlich auf. Kreidler-Kos/Kuster, Bruder Feuer und Schwester Licht 116 f., 274; Groll, Franziskaner in Augsburg 50–54.

[395] Papst Franziskus begründete seine Namenswahl in der Enzyklika »Laudato si'« mit den Worten: »Ich nahm seinen Namen an als eine Art Leitbild und als eine Inspiration im Moment meiner Wahl zum Bischof von Rom. Ich glaube, dass Franziskus das Beispiel schlechthin für die Achtsamkeit gegenüber dem Schwachen und für eine froh und authentisch gelebte ganzheitliche Ökologie ist.« Papst Franziskus, Laudato si', Nr. 10. – Zu Papst Franziskus siehe auch: Kuster, Franz von Assisi. Freiheit und Geschwisterlichkeit in der Kirche 85–88.

dazu erteilte, für die Herausgabe seine Kommentierungen im Sammelband der ›Gestalten christlicher
Mystik und Spiritualität‹ zur Grundlage zu nehmen
und diese mit weiteren Anmerkungen und aktuellen
Hinweisen zu ergänzen. Für die damalige Arbeit hat
Fr. Dominik Dorfner OFM die Quellennachweise in
den franziskanischen Schriften recherchiert, weshalb
ihm an dieser Stelle noch einmal ausdrücklich Dank
gesagt sei. Der Zweiten Vorsitzenden der Joseph-
Bernhart-Gesellschaft, Dr. Karin Precht-Nußbaum,
gilt als Mitherausgeberin und Helferin für die er-
gänzte Kommentierung ein herzliches Vergelt's Gott.
Der Bildungsreferentin des Augsburger Bistumsge-
schichtsvereins Anita Graf danke ich für das Mitle-
sen der Korrekturen, Herrn Bernhard Appenzeller
für die Erstellung des Registers, dem Geschäftsfüh-
rer der Gesellschaft Dr. Alois Epple für die gewissen-
hafte Erledigung der Verwaltungsarbeiten. Der Verleger Dr. Christoph Konrad hat sich um die vorzügliche
Ausstattung und gelungene Bebilderung dieser Edition in bewährter Weise verdient gemacht. Für die Ge-
währung großzügiger Druckkostenzuschüsse danke
ich der Diözese Augsburg, vertreten durch Bischof
Dr. Bertram Meier, der unserer Gesellschaft herzlich
zugeneigt ist, und unserem langjährigen Mitglied und
treuen Förderer Theo Müller. Dem Protektor der Gesellschaft, Dr. Theo Waigel, sei für seine fortdauern-
de Unterstützung unserer Aufgaben und Ziele auf das
herzlichste gedankt.

Augsburg, am 16. Juli 2022 als dem Gedenktag der
Heiligsprechung des heiligen Franziskus
im Namen der Herausgeber
Thomas Groll, Erster Vorsitzender

# ANHANG

## Abkürzungen

LMA    Lexikon des Mittelalters, 10 Bde., München-Zürich 1980–1999.

LThK    Lexikon für Theologie und Kirche, 11 Bde., Freiburg-Basel-Rom-Wien [3]1993–2001.

TRE    Theologische Realenzyklopädie, 36 Bde., Berlin-New York 1977–2004.

## Quellenabkürzungen[396]

1. Brief an die Kustoden: Franziskus-Quellen 111 f. (Leonhard Lehmann).

1 Celano (= Erste Lebensbeschreibung oder Vita des hl. Franziskus von Thomas von Celano): Franziskus-Quellen 195–288 (Johannes-Baptist Freyer).

2 Celano (= Zweite Lebensbeschreibung oder Memoriale von Thomas von Celano): Franziskus-Quellen 289–421 (Johannes-Baptist Freyer).

Anonymus Perusinus (Johannes von Perugia, Anfang oder Grundlegung des Ordens): Franziskus-Quellen 571–601 (Leonhard Lehmann).

Bonaventura, Legenda maior (Das große Franziskusleben): Franziskus-Quellen 686–778 (Marianne Schlosser/Paul Zahner).

---

[396] Sowohl bei den Franziskus-Quellen als auch bei den Klara-Quellen beziehen sich die Seitenzahlen hier immer auf den Text mit den entsprechenden Erläuterungen. Die Namen in Klammern geben die jeweiligen Bearbeiter an.

Bonaventura, Legenda minor (Das kleine Franziskusleben): Franziskus-Quellen 813–844 (Paul Zahner).

Brief an alle Brüder oder den gesamten Orden: Franziskus-Quellen 114–120 (Leonhard Lehmann).

Brief an die Gläubigen I: Franziskus-Quellen 123–126
(Leonhard Lehmann).

Brief an die Gläubigen II: Franziskus-Quellen 127–135
(Leonhard Lehmann).

Brief an die Kleriker: Franziskus-Quellen 121 f. (Leonhard Lehmann).

Bullierte Regel: Franziskus-Quellen 94–102 (Leonhard Lehmann).

Celano, Leben der heiligen Klara (von Thomas von
Celano): Klara-Quellen 277–347 (Bernhard Holter).

Celano, Legenda ad usum chori (Chorlegende zum Leben des hl. Franziskus von Thomas von Celano):
Franziskus-Quellen 487–495 (Leonhard Lehmann).

Celano, Mirakelbuch (von Thomas von Celano): Franziskus-Quellen 423–486 (Johannes-Baptist Freyer).

Chorlegende im Vatikanbrevier: Franziskus-Quellen
496–498 (Paul Zahner).

Chronica fratris Jordani (Jordan von Giano, Chronik):
Franziskus-Quellen 955–1011 (Dieter Berg).

Chronica XXIV Generalium Ordinis Minorum: Analecta Franciscana 3, Quaracchi 1897, 1–692.

Considerazioni: Franziskus-Quellen 1439–1478 (Johannes Schneider).

De vera et perfecta laetitia: siehe: Die wahre und vollkommene Freude.

Die wahre und vollkommene Freude (Diktat von der
wahren Freude): Franziskus-Quellen 56 f. (Leonhard Lehmann).

Drei-Gefährten-Legende: Franziskus-Quellen 602–653 (Leonhard Lehmann).

Ermahnungen: Franziskus-Quellen 45–55 (Leonhard Lehmann).

Fioretti: Franziskus-Quellen 1333–1438 (Johannes Schneider).

Heiligsprechungsbulle der heiligen Klara (Alexander IV., *Clara claris praeclara* 1255): Klara-Quellen 260–276 (Florian Mair/Johannes Schneider).

Heiligsprechungsprozess der heiligen Klara: Klara-Quellen 109–188 (Martina Kreidler-Kos).

Legenda Perusina (Sammlung von Perugia): Franziskus-Quellen 1083–1206 (Bernhard Holter/Johannes Schneider).

Liste der Generalminister: Franziskus-Quellen 1491 (Thomas Morus Huber/ Leonhard Lehmann).

Lobpreis Gottes: Franziskus-Quellen 37 f. (Leonhard Lehmann).

Nicht bullierte Regel: Franziskus-Quellen 69–93 (Leonhard Lehmann).

Passion von San Verecondo: Franziskus-Quellen 1556 f. (Thomas Morus Huber/ Leonhard Lemann).

Regel der heiligen Klara (Lebensform des Ordens der Armen Schwestern – die Regel der hl. Klara): Klara-Quellen 42–73 (Monica Benedetta Umiker/Johannes Schneider/Paul Zahner).

Regel für Einsiedeleien: Franziskus-Quellen 103 f. (Leonhard Lehmann).

Regula bullata: siehe: Bullierte Regel.

Regula non bullata: siehe: Nicht bullierte Regel

Segen für Bruder Leo: Franziskus-Quellen 38 f. (Leonhard Lehmann).

Sonnengesang: Franziskus-Quellen 40 f. (Leonhard Lehmann).

Speculum perfectionis (Spiegel der Vollkommenheit): Franziskus-Quellen 1207–1332 (Johannes Schneider).

Testament: Franziskus-Quellen 59–62 (Leonhard Lehmann).

Zeugnis des Bruders Benedikt von Arezzo: Franziskus-Quellen 1652 f. (Johannes Schneider).

Zeugnis des Ritters Jakob Coppoli von Perugia: Franziskus-Quellen 1655 f. (Johannes Schneider).

# Quellenverzeichnis

Esser, Kajetan: Die Opuscula des hl. Franziskus von Assisi. Neue textkritische Edition (Spicilegium Bonaventurianum 13), Grottaferrata (Rom) 1976 ($^2$1989).

Fioretti – Die Blümlein des hl. Franziskus von Assisi. Aus dem Italienischen nach der Ausgabe der Tipografia Metastasio, Asissi 1901, von Rudolf G. Binding. Mit Initialen von Karl Weidemeyer, Frankfurt am Main 1973.

Franziskanische Quellenschriften 1: Hardick, Lothar / Grau, Engelbert (Hg.): Die Schriften des heiligen Franziskus von Assisi. Einführung, Übersetzung, Erläuterungen (Franziskanische Quellenschriften 1), Werl/Westf. $^7$1985.

Franziskanische Quellenschriften 2: Grau, Engelbert (Hg.), Leben und Schriften der heiligen Klara (Franziskanische Quellenschriften 2), Werl/Westf. $^7$1997.

Franziskanische Quellenschriften 3: Hardick, Lothar / Schlüter, Paul Alfred (Hg.): Leben und »Goldene Worte« des Bruders Ägidius (Franziskanische Quellenschriften 3), Werl/Westf. 1986 (unveränd. Neuauflage der Ausgabe von 1953).

Franziskanische Quellenschriften 6: Hardick, Lothar (Hg.): Nach Deutschland und England. Die Chroniken der Minderbrüder Jordan und Giano und Thomas von Eccleston (Franziskanische Quellenschriften 6), Werl/Westf. 1957.

Franziskanische Quellenschriften 9: Esser, Kajetan / Grau, Engelbert (Hg.): Der Bund des heiligen Franziskus mit der Herrin Armut (Franziskanische Quellenschriften 9), Werl/Westf. 1972.

Franziskus-Quellen. Die Schriften des heiligen Franziskus, Lebensbeschreibungen, Chroniken, und Zeugnisse über ihn und seinen Orden im Auftrag der Provinziale der deutschsprachigen Franziskaner, Kapuziner und Minoriten (Zeugnisse des 13. und 14. Jahrhunderts zur Franziskanischen Bewegung 1), hg. von Dieter Berg und Leonhard Lehmann, Kevelaer [2]2014.

Hinnebusch, John Frederick (Hg.): The Historia Occidentalis of Jacques de Vitry (Spicilegium Friburgense 17), Fribourg Switzerland 1972.

Huygens, Robert Burchard Constantijn (Hg.): Lettres de Jacques de Vitry (1160/1170–1240). Edition critique, Leyden 1960.

Jordan von Giano. Chronik vom Anfang der Minderbrüder besonders in Deutschland (Chronica Fratris Jordani). Eingeführt, nach den bisher bekannten Handschriften kritisch ediert sowie mit einem Anhang ihrer Weiterführungen ins Deutsche übertragen und herausgegeben von Johannes Schlageter (Quellen zur franziskanischen Geschichte 1), Münster 2012.

Klara-Quellen. Die Schriften der heiligen Klara, Zeugnisse zu ihrem Leben und ihrer Wirkungsgeschichte (Zeugnisse des 13. und 14. Jahrhunderts zur Franziskanischen Bewegung 2), hg. von Johannes Schneider und Paul Zahner, Kevelaer 2013.

# Literatur

Akermann, Manfred: Die Staufer. Ein europäisches Herrschergeschlecht, Stuttgart 2003.

Alberzoni, Maria Pia / Avveduto, Andrea (Hg.), Francesco e il sultano. L'incontro sull'altra riva (1219–2019), Florenz 2019.

Augustinus: Confessiones – Bekenntnisse. Lateinisch und Deutsch. Eingeleitet, übersetzt und erläutert von Joseph Bernhart, München 1955, [2]1960, [3]1967, [4]1980, [5]1994; nur in deutscher Übersetzung: Frankfurt a. M. 2004 [6]2009.

Baehr, Rudolf (Hg.): Der provenzalische Minnesang. Ein Querschnitt durch die neuere Forschungsdiskussion (Wege der Forschung 6), Darmstadt 1967.

Balthasar, Hans Urs von: Die großen Ordensregeln (Lectio spiritualis 12), Einsiedeln [4]1980.

Berg, Dieter: Armut und Wissenschaft. Beiträge zur Geschichte des Studienwesens der Bettelorden im 13. Jahrhundert (Bochumer Historische Studien 7), Düsseldorf 1977.

Bernhart, Joseph: Briefwechsel mit dem Präsidenten der Industrie- und Handelskammer Augsburg Otto A. H. Vogel (1894–1983) in den Jahren 1940 bis 1968. Hg. von Thomas Groll, Weißenhorn 2012.

Bernhart, Joseph: »Da rief er ein Kind …«. Was Jung und Alt angeht. Mit weiteren Betrachtungen 1951 bis 1962. Hg. von Thomas Groll und Karin Precht-Nußbaum, Weißenhorn 2014.

Bernhart, Joseph: Das Stehen des Heiligen in der Geschichte: in: Ders., Tagebücher und Notizen 649–673.

Bernhart, Joseph: De profundis (mit einem Vorwort von Eugen Biser), Weißenhorn [5]1985.

Bernhart, Joseph: Der Leib und sein Recht (Sammlung Sigma), München 1930, [2]1958.

[Bernhart, Joseph:] Der stumme Jubel. Ein mystischer Chor, Bonn 1926 (München-Heidelberg [3]1936, jetzt mit Namen des Autors).

Bernhart, Joseph: Der Vatikan als Weltmacht. Geschichte und Gestalt des Papsttums. Hg und erstmals ausführlich kommentiert von Manfred Eder, Thomas Groll und Karin Precht-Nußbaum, Weißenhorn 2019.

Bernhart, Joseph: Die philosophische Mystik des Mittelalters von ihren antiken Ursprüngen bis zur Renaissance. Mit einer Zeichnung Seuses (Geschichte der Philosophie in Einzeldarstellungen, Abt. III: Die christliche Philosophie 14), München 1922 ([2]1967); unveränderter Nachdruck: Darmstadt 1974, 1980. Neuausgabe: Joseph Bernhart, Die philosophische Mystik des Mittelalters von ihren antiken Ursprüngen bis zur Renaissance. Mit Schriften und Beiträgen zum Thema aus den Jahren 1912–1969. Hg. von Manfred Weitlauff, Weißenhorn 2000.

Bernhart, Joseph: Die unbeweinte Kreatur. Reflexionen über das Tier, hg. von Georg Schweiger, Weißenhorn [2]1987

Bernhart, Joseph: Erinnerungen 1881–1930. Hg. von Manfred Weitlauff, 2 Bde., Weißenhorn 1992.

Bernhart, Joseph: Heilige und Tiere. Mit einem Nachwort von Manfred Weitlauff, Weißenhorn [2]1997.

Bernhart, Joseph: Heiligkeit und Krankheit, in: Ders., Die philosophische Mystik des Mittelalters (nach der Neuausgabe von 2000) 847–895.

186

Bernhart, Joseph: Metaphysik und Formideal des Leibes in der griechischen Antike, in: Vom Wert des Leibes in Antike, Christentum und Anthropologie der Gegenwart, hg. vom Deutschen Institut für Wissenschaftliche Pädagogik, Salzburg-Leipzig 1936, 9–55.

Bernhart, Joseph: Tagebücher und Notizen 1935–1947. Hg. von Manfred Weitlauff, Weißenhorn 1997.

Betschart, Hanspeter: Franziskus von Assisi. Auf den Spuren des großen Heiligen. Fotos von Stephan Kölliker, Lindenberg [6]2019.

Bischof, Franz Xaver: Die »Franziskanische Frage« – ein ungelöstes historiographisches Problem. Aus Anlaß der verbesserten deutschen Neuauflage des Werkes »Franziskus. Der solidarische Bruder« von Raoul Manselli, in: Münchener Theologische Zeitschrift 41 (1990) 355–382.

Boehmer, Heinrich: Analekten zur Geschichte des Franziskus von Assisi, Tübingen 1904.

Bösch, Paul: Franz von Assisi – neuer Christus. Die Geschichte einer Verklärung, Düsseldorf 2005.

Bösch, Paul: Vogelpredigt und Stigmata. Zur Entstehung zweier Erzählungen über Franziskus von Assisi, in: Schweizerische Zeitschrift für Religions- und Kulturgeschichte 109 (2015) 199–222.

Böttigheimer, Christoph: Die Reich-Gottes-Botschaft Jesu. Verlorene Mitte christlichen Glaubens, Freiburg-Basel-Wien 2020.

Borst, Arno: Die Katharer (Herder Spektrum 4025), Freiburg im Breisgau [2]1991 ([5]1997).

Conciliorum oecumenicorum decreta, currantibus Josepho Alberigo, consultante Huberto Jedin, Bologna [3]1973.

Eder, Manfred: Kirchengeschichte. 2000 Jahre im Überblick, Ostfildern 2017.

Esser, Kajetan: Anfänge und ursprüngliche Zielsetzungen des Ordens der Minderbrüder (Studia et Documenta Franciscana 4), Leiden 1966.

Feld, Helmut: Franziskus von Assisi und seine Bewegung, Darmstadt 1996.

Felder, Hilarin: Die Ideale des hl. Franziskus von Assisi, Paderborn [2]1924.

Fink, Karl August: Papsttum und Kirche im abendländischen Mittelalter, München 1981.

Fleckenstein, Josef / Hellmann, Manfred (Hg.), Die geistlichen Ritterorden (Vorträge und Forschungen 26), Sigmaringen 1980.

Fleckenstein, Josef: Rittertum und mittelalterliche Welt. Unter Mitwirkung von Thomas Zotz, Berlin 2002.

Frank, Isnard Wilhelm: Franz von Assisi. Frage auf eine Antwort, Düsseldorf 1982.

Frenz, Thomas (Hg.): Papst Innozenz III. Weichensteller der Geschichte Europas, Stuttgart 2000

Gebhardt: Handbuch der deutschen Geschichte, 4 Bde. Hg. von Herbert Grundmann, Stuttgart [9]1970–1976.

Gobry, Ivan: Franz von Assisi in Selbstzeugnissen und Bilddokumenten (rowohlts monographien 16), Hamburg 1958 ([10]1976, [20]1993).

Goetz, Walter: Die ursprünglichen Ideale des hl. Franz von Assisi (1903), in: Ders., Italien im Mittelalter, 2 Bde., Leipzig 1942, hier 1 125–160, 208–221 (Anm.).

Goetz, Walter: Die Quellen zur Geschichte des hl. Franz von Assisi. Eine kritische Untersuchung, Gotha 1904.

Goez, Werner: Franciscus von Assisi, in: TRE 11 (1983) 299–307 (QQ und Lit.).

Goez, Werner: Franz von Assisi (1181/82–1226), in: Ders., Lebensbilder aus dem Mittelalter. Die Zeit der Ottonen, Salier und Staufer, Darmstadt 1998, 408–420, 523 f. (QQ und Lit.).

Grau, Engelbert: Die ersten Brüder, in: Franziskanische Studien 40 (1958) 132–144.

Greschat, Martin (Hg.): Gestalten der Kirchengeschichte, 12 Bde., Stuttgart-Berlin-Köln-Mainz 1984/85.

Groll, Thomas: »Arm dem armen Christus folgen«. Zur frühen Geschichte der Franziskaner in Augsburg, in: Jahrbuch des Vereins für Augsburger Bistumsgeschichte 56 (2022) 48–78.

Grundmann, Herbert: Religiöse Bewegungen im Mittelalter. Untersuchungen über die geschichtlichen Zusammenhänge zwischen der Ketzerei, den Bettelorden und der religiösen Frauenbewegung im 12. und 13. Jahrhundert und über die geschichtlichen Grundlagen der deutschen Mystik [reprograf. Nachdruck der 1. Aufl. Berlin 1935 (Historische Studien 267)]. Mit einem Anhang: Neue Beiträge zur Geschichte der religiösen Bewegungen im Mittelalter, Darmstadt 1970.

Grundmann, Herbert: Vom Ursprung der Universität im Mittelalter, Darmstadt [2]1964.

Haller, Johannes: Das Papsttum. Idee und Wirklichkeit, 5 Bde., Urach 1950–1953 (unveränd. Nachdr. Darmstadt 1962).

Hase, Karl von: Franz von Assisi. Ein Heiligenbild, Leipzig 1856.

Horst, Ulrich: Evangelische Armut und Kirche. Thomas von Aquin und die Armutskontroversen des

13. und beginnenden 14. Jahrhunderts (Quellen und Forschungen zur Geschichte des Dominikanerordens. Neue Folge 1), Berlin 1992.

Horst, Ulrich: Evangelische Armut und päpstliches Lehramt. Minoritentheologen im Konflikt mit Papst Johannes XXII. (1316–1334) (Münchener Kirchenhistorische Studien 8), Stuttgart-Berlin-Köln 1996.

Jedin, Hubert (Hg.): Handbuch der Kirchengeschichte, 7 Bde., Freiburg-Basel-Wien 1962–1979 (1999 unveränderter Nachdruck der Sonderausgabe von 1985).

Jörgensen, Johannes: Der heilige Franz von Assisi (1182–1226), München 1952.

Karrer Otto (Hg.): Franz von Assisi. Legenden und Laude (Manesse-Bibliothek der Weltliteratur), Zürich 1945.

Kempf, Friedrich: Innozenz III., in: Greschat, Gestalten der Kirchengeschichte 11 196–207.

Kermani, Navid: Ungläubiges Staunen. Über das Christentum, München 2015.

Kittel, Gerhard (Hg.), Theologisches Wörterbuch zum Neuen Testament, 10 Bde., Stuttgart u. a. 1933–1978 (Studienausgabe: unveränderter Nachdruck der Erstauflage ebd. 1990).

Koch, Hans-Albrecht: Die Universität. Geschichte einer europäischen Institution, Darmstadt 2008.

Köpf, Ulrich: Franz von Assisi, in: Greschat, Gestalten der Kirchengeschichte 3 282–302.

Kolmer, Lothar: Ad capiendas vulpes. Die Ketzerbekämpfung in Südfrankreich in der ersten Hälfte des 13. Jahrhunderts und die Ausbildung des Inquisitionsverfahrens (Pariser Historische Studien 19), Bonn 1982.

Kreidler-Kos, Martina / Kuster, Niklaus: Bruder Feuer und Schwester Licht. Franz und Klara von Assis. Zwei Lebensgeschichten im Dialog, Ostfildern 2021.

Kreidler-Kos, Martina / Kuster, Niklaus: Christus auf Augenhöhe. Das Kreuz von San Damiano (Topos-Taschenbücher 664), Kevelaer [2]2009.

Kreidler-Kos, Martina / Röttger, Ancilla: Gewagtes Leben. 800 Jahre Klara und ihre Schwestern, Freiburg-Basel-Wien 2011.

Kuster, Niklaus: Franz und Klara von Assisi. Eine Doppelbiographie, Ostfildern 2011.

Kuster, Niklaus: Franz von Assisi. Freiheit und Geschwisterlichkeit in der Kirche (Franziskanische Akzente 6), Würzburg [2]2019.

Kuster, Niklaus: Franziskus und seine ersten Gefährten. Sechzig Jahre Forschung von Engelbert Grau bis Andrea Vaona, in: Wissenschaft und Weisheit. Franziskanische Studien zu Theologie, Philosophie und Geschichte 83 (2020) 5–54.

Kuster, Niklaus: Spiegel des Lichts. Franz von Assisi – Prophet der Weltreligionen (Franziskanische Akzente 22), Würzburg 2019.

Leppin, Volker: Franziskus von Assisi, Darmstadt 2018.

Manselli, Raoul: Francesco d'Assisi, Rom [2]1981 – in deutscher Übersetzung: Franziskus. Der solidarische Bruder, Freiburg im Breisgau [2]1989.

Mayer, Hans Eberhard: Geschichte der Kreuzzüge (Urban-Taschenbücher 86), Stuttgart-Berlin-Köln [9]2000.

Meister Eckehart: Deutsche Predigten und Traktate. Hg. und übersetzt von Josef Quint, Darmstadt 1969.

Menzel, Beda Franz: Abt Franz Stephan Rautenstrauch von Břevnov-Braunau. Herkunft, Umwelt
und Wirkungskreis (Veröffentlichungen des König-
steiner Instituts für Kirchen- und Geistesgeschich-
te der Sudetenländer e.V. 5), Königstein/Ts. 1969.

Molnár, Amadeo: Die Waldenser, Geschichte und
Ausmaß einer europäischen Ketzerbewegung (Herder Spektrum 4233), Freiburg im Breisgau 1993.

Müller, Rainer Albert: Geschichte der Universität.
Von der mittelalterlichen Universitas zur deutschen Hochschule, München 1990.

Münster, Robert: Tauet, Himmel, den Gerechten…,
in: Weihnachten in den Bergen. Texte und Lieder
für die Zeit von Advent bis Dreikönig. Ausgewählt
von Hans Heyer, München 1983, 38–46.

Oberste, Jörg: Der »Kreuzzug« gegen die Albigenser.
Ketzerei und Machtpolitik im Mittelalter, Darmstadt 2003.

Pfeiffer, Franz (Hg.): Deutsche Mystiker des 14. Jahrhunderts. II: Meister Eckhart. 1. [Einzige] Abteilung: Predigten, Traktate, Leipzig 1857 (Aalen
1962, 1991).

Rohlfs, Gerhard: Vom Vulgärlatein zum Altfranzösischen. Einführung in das Studium der altfranzösischen Sprache (Sammlung kurzer Lehrbücher der
romanischen Sprachen und Literaturen 15), Tübingen [2]1963.

Roth, Oskar: Francesco Petrarca, in: Greschat, Gestalten der Kirchengeschichte 4 199–218.

Rottenwöhrer, Gerhard: Der Katharismus, 4 Bde., Bad
Honnef 1982–1993.

Rotzetter, Anton: Klara von Assisi. Die erste franziskanische Frau, Freiburg 1993.

Ruh, Kurt: Geschichte der abendländischen Mystik, 4 Bde., München 1990–1999.

Runciman, Steven: Geschichte der Kreuzzüge, 3 Bde., München 1957–1960.

Sabatier, Paul: Vie de Saint François, Paris 1894, édition définitive 1931 – in deutscher Übersetzung: Leben des Heiligen Franz von Asssis, Zürich 1953.

Schmucki, Oktavian: »Ignorans sum et idiota«. Das Ausmaß der schulischen Bildung des heiligen Franziskus von Assisi, in: Studia historico-ecclesiastica. Festgabe für Luchesius G. Spätling OFM, Rom 1977, 283–310.

Schneider, Reinhold: Innozenz der Dritte (Manuskript von 1931), Köln 1960, [2]1965.

Schnürer, Gustav: Die Vertiefung des religiösen Lebens im Abendlande zur Zeit der Kreuzzüge. Franz von Assisi (Weltgeschichte in Karakterbildern. Dritte Abteilung: Übergangszeit), München 1905 ([2]1907).

Segl, Peter (Hg.): Die Anfänge der Inquisition im Mittelalter. Mit einem Ausblick auf das 20. Jahrhundert und einem Beitrag über religiöse Intoleranz im nichtchristlichen Bereich (Bayreuther historische Kolloquien 7), Köln-Weimar-Wien 1993.

Seppelt, Franz Xaver: Geschichte der Päpste. Von den Anfängen bis zur Mitte des zwanzigsten Jahrhunderts, 5 Bde., München [2]1954–1959.

Skiba, Viola: Honorius III. Seelsorger und Pragmatiker (Päpste und Papsttum 45), Stuttgart 2016.

Società Internazionale di Studi Francescani: La »Questione francescana« dal Sabatier ad oggi. Atti del I Convegno internazionale, Assisi, 18–20 ottobre 1973, Assisi 1974.

Steinen, Wolfram von den: Franziskus und Dominikus. Leben und Schriften (Heilige und Helden des
Mittelalters), Breslau 1926.

Stierle, Karlheinz: Francesco Petrarca. Ein Intellektueller im Europa des 14. Jahrhunderts, München
2003.

Stürner, Wolfgang: Friedrich II. Teil 1: Die Königs-
herrschaft in Sizilien und Deutschland 1194–
1220; Teil 2: Der Kaiser 1220–1250, Darmstadt
2003.

Tauler, Johann: Predigten. Nach den besten Ausgaben
und in unverändertem Text in die jetzige Schriftsprache übertragen. Zweiter Theil: Von Ostern bis
zum Advent, Frankfurt am Main 1826.

Tauler, Johannes: Predigten. Übertragen und eingeleitet von Walter Lehmann I-II, Jena 1913 ([2]1923).

Thode, Henry: Franz von Assisi und die Anfänge der
Kunst in Italien, Berlin 1885, Wien [4]1934, Essen
(hg. von Woldemar von Seydlitz) o. J.

Thomas von Aquino: Summe der Theologie. Zusam-
mengestellt, eingeleitet und erläutert von Joseph
Bernhart, 3. Bde., (Leipzig 1934–1939), Stuttgart
([3]1954), [4]1985.

Vauchez, André: Franziskus von Assisi. Geschich-
te und Erinnerung. Ins Deutsche übertragen von
Elisabeth Zacherl unter Mitarbeit von Johannes
Schneider, Münster 2019.

Vaux-de-Cernay, Pierre des: Kreuzzug gegen die Albigenser. Die »Historia Albigensis« (1212–1218) erstmals aus dem Lateinischen ins Deutsche übertragen, hg. und mit einem Nachwort versehen von
Gerhard E. Sollbach (Manesse Bibliothek der Weltgeschichte), Zürich 1997.

Vicaire, Marie-Humbert: Fondation, approbation, confirmation de l'ordre des Prêcheurs, in: Revue D'Histoire Ecclésiastique 47 (1952) 123–141, 176–192, 586–603.

Vicaire, Marie-Humbert: Histoire de Saint Dominique, 2 Bde., Paris 1957 (in deutscher Übersetzung: Geschichte des heiligen Dominikus, 2 Bde., Freiburg-Basel-Wien 1963).

Vinay, Valdo: Waldes, in: Greschat, Gestalten der Kirchengeschichte 3 238–248.

Wachinger, Lorenz: Joseph Bernhart. Leben und Werk. Ausgewählt und mit einer biographischen Einführung herausgegeben, Weißenhorn 1981.

Weitlauff, Manfred: Franziskus von Assisi (1182–1226). Versuch einer Annäherung, in: René Brugger/Bettina Mayer/Monika Schierl (Hg.), Kirche – Kunst – Kultur. Geschichts- und kulturwissenschaftliche Studien im süddeutschen Raum und angrenzenden Regionen. Festschrift für Walter Pötzl zum 75. Geburtstag, Regensburg 2014, 149–173.

Wendelborn, Gert: Franziskus von Assisi. Eine historische Darstellung, Leipzig [2]1982.

Wesjohann, Achim: Mendikantische Gründungserzählungen im 13. und 14. Jahrhundert. Mythen als Element institutioneller Eigengeschichtsschreibung der mittelalterlichen Franziskaner, Dominikaner und Augustiner-Eremiten, Berlin u.a. 2012.

Züllig, Sergio: Luigi Galvani 1732–1789. Der Entdecker der Bioelektrizität, Basel [1969].

# Register der Personennamen
*von Bernhard Appenzeller*

Das Personenregister enthält alle Personennamen die im Text, in den Tafeln und in den Fußnoten vorkommen. Nicht berücksichtigt werden Namen der Literatur- und Quellenangaben. * bezeichnet Namen in den Fußnoten.

## Die philosophische Mystik des Mittelalters

von ihren antiken Ursprüngen bis zur Renaissance

Mit Schriften und Beiträgen zum Thema aus den Jahren 1912–1969

Leinen, 12,5 x 20,5 cm
1114 Seiten, 5 Abb.

ISBN 978-3-87437-445-3

29,80 Euro

## Briefwechsel mit Otto A. H. Vogel

1940–1968, kommentierte Ausgabe
Leinen, 13,0 x 20,5 cm, 711 Seiten, 29 Abb.
ISBN 978-3-87437-559-7     29,80 Euro

## Sinn der Geschichte

Vorträge und Aufsätze aus den Jahren 1918–1961
Leinen, 12,5 x 20,5 cm, 480 Seiten
ISBN 978-3-87437-359-3     24,95 Euro

## Zeit-Deutungen

Schriften, Beiträge und Vorträge zu Problemen der
Politik und Kultur aus den Jahren 1918–1962
Leinen, 12,0 x 20,0 cm, 792 Seiten, 2 Abb.
ISBN 978-3-87437-525-2     29,80 Euro

## Da rief Er ein Kind...

Predigten, Betrachtungen
Leinen, 15,0 x 20,0 cm, 296 Seiten, 8 Abb.
ISBN 978-3-87437-563-4     22,00 Euro

### Der Kaplan

Aufzeichnungen aus einem Leben
Leinen, 12,5 x 20,5 cm, 216 Seiten
ISBN 978-3-87437-350-0    12,95 Euro

### Erinnerungen 1881–1930

kommentierte Ausgabe
Leinen, 12,5 x 20,5 cm, 2 Bd., 2094 Seiten, 53 Abb.
ISBN 978-3-87437-336-4    49,80 Euro

### Tagebücher und Notizen 1935–1947

Leinen, 12,5 x 20,5 cm, 831 Seiten, 29 Tafeln
ISBN 978-3-87437-393-7    29,80 Euro

### Schwäbische Porträts

Leinen, Hardcover, 14,5 x 22,5 cm 183 Seiten, 8 Abb.
ISBN 978-3-87437-219-0    16,80 Euro

### Bonifatius

Apostel der Deutschen (672/75–754)
kommentierte Ausgabe
Leinen, 12,5 x 20,5 cm, 334 Seiten
ISBN 978-3-87437-477-4    19,80 Euro

### Rudolf von Schlüsselberg

Eine Geschichte aus der Zeit der Kreuzzüge
Leinen, 13,6 x 20,0 cm, 288 Seiten, 8 Abb.
ISBN 978-3-87437-540-5    19,80 Euro

### Thomas Morus

Roman
Leinen, 12,5 x 20,5 cm, 300 Seiten
ISBN 978-3-87437-156-8    12,95 Euro

*Einband vorn und Frontispiz: Der glorreiche Franziskus. Assisi, Basilika San Francesco, Unterkirche, Giotto di Bondone, um 1315. Foto: Elio Ciol.*

*Seite 16: Sonnenaufgang bei der Basilika San Francesco in Assisi. Foto: Giorgio Galano, Adobe Stock Photos.*

*Seite 22: Der heilige Franziskus stützt die wankende Lateransbasilika. Diese und alle Tafelabbildungen: Assisi, Basilika San Francesco, Oberkirche, Bildzyklus von Giotto di Bondone, nach 1296. Fotos: Stefan Diller.*

Die Deutsche Bibliothek verzeichnet diese Publikation in der Deutschen Nationalbibliografie; detaillierte bibliografische Daten sind im Internet über http://dnb.d-nb.de abrufbar.

Informationen über unser Verlagsprogramm:
**https://www.konrad-verlag.de**

© 2023  Anton H. Konrad Verlag, Schulstraße 5, 89264 Weißenhorn

ISBN  978–3–87437–612–9